DEUXIÈME

CIRCULAIRE

DE L'INSTITUT ROYAL

DES

SOURDS-MUETS DE PARIS,

A TOUTES LES INSTITUTIONS

DE SOURDS-MUETS

DE L'EUROPE ET DE L'AMÉRIQUE.

PARIS,

IMPRIMERIE ROYALE.

1829.

ETAT de l'Institut royal des Sourds-muets de Paris.

ADMINISTRATION.

MM. le baron de Gérando, conseiller d'état.
le duc de Doudeauville, pair de France.
le comte Alexis de Noailles, aide-de-camp du Roi.
Guéneau de Mussy, médecin ordinaire du Roi.
le baron Rendu, procureur général du Roi à la Cour des comptes.
le comte de Breteuil, pair de France.
Breton, membre du conseil général du département de la Seine.

Directeur, M. l'abbé Borel.
Agent général, M. le baron Keppler.

PROFESSEURS.

MM. Richard.
Berthier, sourd-muet.
Rivière.
Lenoir, sourd-muet,
E. Morel.
Valade Gabel.

M.lles Élisabeth Salmon.
Ferment.
Aménaïde Barbier.
Octavie Morel.

RÉPÉTITEURS,

M.M. Vaysse.
Desongnis.
Forestier, sourd-muet.

RÉPÉTITRICES.

M.lles Huré.
Godefrède Barbier.
Meunier,
Alleton, } sourdes-muettes.

SURVEILLANS.

MM. Puibonnieux.
Huré.
Valade Alain.

SURVEILLANTES.

M.lles Farjon.
Wiser.

$$(vj)$$

Médecin, M. le docteur Itard.

Économe, Mlle Justine Salmon.

Maître de gymnastique, M. Comte.
Maître de dessin, M. Le Breton.
Maître d'écriture, M. Sébillot.

CHEFS D'ATELIER.

MM. Sellier, tourneur.
    Vidus, menuisier.
    Lesné, relieur.
    Six, tailleur.
    Grosset, cordonnier.

CONSEIL DE PERFECTIONNEMENT.

MM. Raynouard, membre de l'Académie française.
    Abel Rémusat, membre de l'Académie des inscriptions et belles-lettres.
    Ordinaire, inspecteur général de l'Université.
    Frédéric Cuvier, membre de l'Académie des sciences.
    Feuillet, bibliothécaire de l'Institut de France.

COMITÉS DE L'ÉDUCATION INDUSTRIELLE.

Comité des Messieurs.

MM. Gustave Le Marcis.
    le comte de Raigecourt.
    de Baulny, auditeur au Conseil d'état.
    Gustave de Gérando, avocat à la Cour royale.
    E. Wilson.
    Léon de Verdière, avocat à la Cour royale.
    Zangiacomi, avocat à la cour royale.
    le comte Hervé de Kergorlay.
    Edmond Blanc, avocat aux Conseils du Roi et à la Cour de cassation.

MM. le marquis de Cadore.

Lanjuinais, avocat à la Cour royale.

de Casenave.

Comité des Dames.

Mmes la comtesse de Breteuil.

la baronne Mounier.

la comtesse de Saint-Aulaire.

la baronne de Varaigne.

la comtesse Swetchine.

Du Vaucelle.

la baronne Fréteau de Pény.

F. Delessert.

Élisa Guizot.

la comtesse Anglés.

la marquise de Dolomieu.

Lutteroth.

la marquise de Moncalm.

DEUXIÈME

CIRCULAIRE

DE L'INSTITUT ROYAL

DES

SOURDS-MUETS DE PARIS,

A TOUTES LES INSTITUTIONS

DE SOURDS-MUETS

DE L'EUROPE ET DE L'AMÉRIQUE.

PRÉAMBULE.

Si l'art d'instruire les sourds-muets est resté si long-temps enveloppé d'une sorte de mystère, si ses progrès ont été retardés, si surtout ses principes ont été si diversement compris et appliqués, il faut en attribuer la principale cause à l'isolement des instituteurs : chacun était réduit à ses propres lumières ; l'expérience des uns était perdue pour les autres.

Depuis que les institutions de sourds-muets se sont multipliées, les amis de l'humanité desiraient voir se former une alliance entre tous les instituteurs, pour se communiquer mutuellement leurs observations, et travailler de concert au perfectionnement de la méthode : la première circulaire de l'institut royal des sourds-muets de Paris était destinée à réaliser ce vœu.

L'espoir que l'administration de cet institut avait fondé sur cette association, n'a point été déçu : de toutes parts on a répondu à son appel ; de nombreux documens lui sont parvenus, et elle se félicite de pouvoir aujourd'hui reprendre ses utiles relations pour en faire partager les fruits à tous les instituteurs.

Pour rendre cette communication vraiment fructueuse, nous n'analyserons pas chaque mémoire, chaque rapport l'un après l'autre ; cette marche nous exposerait à revenir sans cesse sur les mêmes questions, et notre résumé ne présenterait aucun ensemble, aucun enchaînement ; nous établirons au contraire certaines divisions auxquelles nous rapporterons les divers documens ; au lieu de résumer chaque travail, nous extrairons de chacun ce qui sera relatif à la même partie, et nous le rangerons sous un titre commun. Ce plan aura l'avantage de présenter réunies, les diverses opinions sur la même question, et par là les instituteurs pourront mieux les comparer et les apprécier.

Mais l'institut de Paris n'est pas seulement appelé à servir de point de ralliement aux différentes opinions; il doit encore fournir le tribut de son expérience : ainsi, après avoir résumé les documens étrangers, nous rapporterons nos propres observations. Si quelques opinions nous paraissent erronées, nous les combattrons; nous répondrons aux questions qui nous sont adressées, et, si nous n'avons pas assez de données pour les résoudre, nous les soumettrons à tous les instituteurs; enfin, nous proposerons à notre tour les questions sur lesquelles nous desirons être éclairés.

Les documens que nous devons résumer, les faits que nous devons exposer, peuvent se ranger sous les divisions suivantes :

1.º Instruction intellectuelle ;

2.º Articulation, alphabet labial ;

3.º Instruction industrielle ;

4.º Hygiène, recherches et expériences sur la surdité ;

5.º Statistique, situation actuelle des institutions ;

6.º Bulletin bibliographique.

Mais, avant de commencer, l'administration se fait un devoir de témoigner toute sa reconnaissance aux instituteurs qui se sont associés à ses efforts, aux agens diplomatiques qui ont prêté leur généreuse intervention en faveur d'une association aussi philantropique, et à S. E. M.ᵍʳ le Ministre des affaires étrangères, qui, en la protégeant, concourt à répandre l'art bienfaisant, destiné à rendre tant d'infortunés à la vie sociale et religieuse.

1.º INSTRUCTION INTELLECTUELLE.

M. Naef, instituteur à Iverdon, a envoyé à l'institut de Paris un mémoire qui renferme des vues très-profondes sur l'art d'instruire les sourds-muets, et qui décèle une longue pratique éclairée des plus saines théories.

M. Naef s'attache d'abord à constater le but de l'éducation des sourds-muets; il pose en principe, « que le sourd-muet doit avant tout, et à tous égards, » être considéré et développé comme être raison- » nable, chez qui, comme chez tout autre de son » espèce, doit se manifester la vie spirituelle; que » ce n'est que lorsqu'il sera homme, comme il peut » et doit l'être dans l'étendue entière du mot, qu'il » sera un bon citoyen, un homme utile, un membre » estimable de la société, dans quelque rapport » qu'il se trouve placé. »

C'est en partant de ce point de vue essentiel que l'on peut obtenir les résultats les plus satisfaisans dans l'éducation des sourds-muets. La méthode intuitive est, aux yeux de M. Naef, la seule qui conduit au vrai but, et les résultats qu'elle fait obtenir dans l'instruction des sourds-muets, fournissent la preuve la plus éclatante que cette méthode est véritablement conforme aux lois de la nature.

Le premier soin de M. Naef, lorsqu'un élève lui est confié, est de fixer son attention sur les objets extérieurs, afin de dissiper la confusion dans laquelle ces objets frappent ses sens. Il classifie les impressions que l'enfant reçoit, suivant les différens organes par lesquels elles lui parviennent.

M. Naef reconnaît que l'intime liaison dans laquelle il s'est trouvé avec les instituts d'Iverdon, fondés sur l'esprit de la méthode intuitive, lui a offert beaucoup d'avantages, mais que, d'un autre côté, les observations qu'il a été à même de faire sur la nature humaine, en instruisant les sourds-muets, n'ont pas été inutiles au développement de la méthode elle-même, et il serait à desirer que les Instituts de sourds-muets fussent en rapport avec ceux des entendans-parlans.

« Toutes les modifications, dit l'instituteur d'I-
» verdon, que la méthode doit subir pour le sourd-
» muet, reposent sur le problème que son éducation
» a particulièrement à résoudre ; c'est de savoir de
» quelle manière il faut suppléer à l'imperfection de
» l'organisation de l'élève, imperfection qui, si l'on
» fait la distinction indispensable entre sourds-muets
» et imbécilles, ne retombe que sur l'organisation
» physique, et ne porte aucune atteinte à l'organi-
» sation intellectuelle et morale de l'individu. »

Pour résoudre ce problème, M. Naef consulte la nature qui « supplée au manque de l'ouie, par le
» talent supérieur qu'ont les sourds-muets de saisir
» l'expression caractéristique du langage mimique
» et de la physionomie, et qui supplée de même au
» manque de la parole, par le talent correspondant
» du langage mimique et physionomique. »

L'instruction et l'éducation chez les sourds-muets doivent marcher parallèlement ; plus on pourra parvenir à les organiser dans l'esprit de la vie de famille, plus on sera sûr d'atteindre son but : la direction maternelle a la plus heureuse influence sur le physique et le moral, et même sur le développement de l'intelligence ; car « le sourd-muet » n'est susceptible d'instruction qu'autant que son » cœur s'est ouvert, qu'il s'est développé aux senti- » mens d'affection et de dévouement pour les per- » sonnes qui l'environnent, et qui doivent se pré- » senter à son esprit comme les êtres tutélaires de » sa jeunesse. »

« L'objet principal de l'instruction du sourd- » muet, continue M. Naef, est de lui donner la » langue de sa nation en échange de son langage » mimique ; l'enseignement de la langue doit avoir » pour lui une beaucoup plus grande étendue, parce » qu'il est obligé d'acquérir à l'école la connaissance » de tous les objets que la vie journalière fait con- » naître aux enfans entendans, et que l'école doit » être pour lui la répétition de la vie. »

En conséquence, l'instituteur suisse s'adresse d'abord à la mémoire de l'élève ; il lui enseigne une nomenclature qu'il n'étend cependant qu'à mesure que l'élève en fait usage pour énoncer ses expériences, ses observations, ses sentimens. Il ne lui explique la valeur des formes et les loix de la syntaxe qu'en tant qu'il a senti lui-même les rapports dont elles sont l'expression.

L'esprit est naturellement porté à généraliser un

cas individuel ; mais pour préserver l'élève de tomber dans l'erreur, M. Naef lui fournit toujours de nouveaux cas individuels, afin que, par leur contraste, il puisse saisir la loi générale qu'ils présentent.

Pour rendre l'usage de la langue familier à ses élèves, il leur fait composer des journaux qu'ils se communiquent entre eux, et en outre il leur fait lire des contes, des fables, &c., &c. Pour s'assurer s'ils en ont saisi le sens, et pour le leur faire saisir là où ils n'y sont pas parvenus d'eux-mêmes, il emploie le langage mimique qui par là gagne lui-même une plus grande étendue.

M. Naef aborde ensuite les idées abstraites; il combat le préjugé généralement répandu contre la possibilité d'introduire le sourd-muet dans le monde métaphysique, et il blâme la manière vicieuse dont les enfans ordinaires apprennent nos langues artificielles. La méthode intuitive vient encore à son secours pour faire saisir au sourd-muet les idées abstraites : « que » l'instituteur se mette dans un rapport intime avec » son élève; qu'il lui fasse sentir, par la manière même » dont il le traite et l'introduit dans la nature et dans » la société humaine, que tout ce qui l'environne » n'est que la manifestation d'une existence spiri- » tuelle ; qu'il réveille en lui la connaissance de » cette même existence; qu'il observe les jugemens » et les sentimens que la nature fait naître dans l'être » humain, dès qu'il se trouve en rapport avec l'hu- » manité par quelques signes extérieurs que ce » rapport exprime. »

L'instituteur d'Iverdon considère le calcul, surtout le calcul de tête, et le rapport des formes, comme auxiliaires de l'étude de la langue, parce qu'ils tendent essentiellement à développer l'intelligence, et il fonde leur enseignement sur la méthode intuitive.

Les sciences naturelles, la géographie, l'histoire ne sont pas pour M. Naef, l'objet de leçons particulières; elles lui servent seulement de matériaux pour l'enseignement de la langue. Il se borne à faire observer à ses élèves les objets de la nature qui les environnent, à les éclairer sur les phénomènes dont ils sont témoins; il tâche de les orienter dans leur pays, en prenant pour point central, le lieu qu'ils habitent; ce n'est qu'aux plus avancés qu'il donne quelques notions sur la géographie générale. Il fait aussi connaître à ses élèves les principaux événemens historiques des temps modernes; mais il ne les occupe pas de l'histoire ancienne, à l'exception de l'histoire biblique qui est une préparation à l'instruction religieuse. L'histoire de la vie de Jésus-Christ, et de la religion révélée fait une profonde impression sur le sourd-muet; il reçoit les dogmes de la religion avec beaucoup de ferveur, il y puise une source de consolations pour son infirmité.

Nous n'avons pu résister à l'envie de nous arrêter quelque temps sur le mémoire de M. Naef; nous desirions faire partager cet excellent travail à tous les instituteurs; les principes qu'il contient, méritent d'être médités et mis en pratique.

Les opinions sont encore partagées sur la meilleure méthode à employer pour l'instruction des sourds-muets : parmi les institutions étrangères, les unes adoptent le langage des signes pour introduire le sourd-muet dans la connaissance de la langue; d'autres, au contraire, s'attachent principalement à l'articulation artificielle; quelques-unes même, après avoir adopté l'une des deux méthodes, y renoncent plus tard pour embrasser l'autre : c'est ainsi que l'école de Gmünd en Wurtemberg, après avoir long-temps employé le langage des signes, l'a abandonné pour l'articulation artificielle; tandis que l'école de Birmingham en Angleterre, et l'école de New-Yorck aux États-unis, viennent de remplacer l'articulation par le langage des signes.

Ces variations prouvent que les principes sur lesquels doit reposer l'art d'instruire les sourds-muets, n'ont pas encore acquis un caractère d'universalité. Trop souvent les instituteurs se sont jetés dans des systèmes exclusifs : les uns, en adoptant le langage des signes, en font un usage trop constant, et par là, tout en développant l'intelligence de l'élève, ne le familiarisent pas avec la langue écrite, parce que la syntaxe du langage mimique est sans cesse en opposition avec celle de nos langues artificielles, et que, dans cette lutte perpétuelle, la seconde est sacrifiée à la première; les autres, en s'attachant à l'articulation artificielle, négligent trop le développement de l'intelligence et ne songent pas que le langage des gestes, tout opposé qu'il est à la construction grammaticale de nos phrases, est cependant éminemment propre à provoquer le développement des idées, en figurant les circonstances qui doivent les faire naître.

Espérons que du conflit des diverses opinions jaillira enfin une méthode uniforme La correspondance qui s'établit entre les institutions hâtera l'heureuse époque où tous les instituteurs, d'accord sur le but, le seront encore sur les moyens d'y arriver. Éclairés sur les résultats obtenus par d'autres moyens que les leurs, ils seront conduits à penser que la marche qu'ils ont adoptée, quoiqu'elle les mène au but, pourrait ne pas être la plus prompte ni la plus sûre; ils seront intéressés à étudier ce qui se fait ailleurs; ils deviendront moins exclusifs, et bientôt, l'on verra s'établir une espèce d'éclectisme dans l'art d'instruire les sourds-muets.

Déjà le conseil de perfectionnement, dans un mémoire adressé à l'administration de l'institut de Paris, a sollicité plusieurs améliorations dans la méthode, et l'administration est décidée à les adopter. Tout en reconnaissant que le langage des signes est le seul moyen d'entrer en communication avec le sourd-muet; qu'il doit d'abord servir à développer son intelligence, à l'initier dans la connaissance de nos langues, le conseil en a blâmé l'usage trop constant; il pense « qu'il faudrait conduire l'ensei-
» gnement pratique de telle sorte que, non-seu-
» lement *la langue mimique*, enrichie chaque
» jour, n'en formât pas constamment l'âme et
» le fond, mais qu'au contraire elle s'y effaçât
» pour ainsi dire progressivement, après avoir rendu
» le service éminent qu'on attend d'elle. Ainsi, en

» partant du point où cette langue, seul moyen
» d'éveiller et de fixer les idées chez le sourd-muet,
» préside à la convention qui établit pour lui la va-
» leur d'un mot français, le sens d'une locution
» française, on se proposerait d'arriver par degrès
» à cet autre point, où *la mimique* pourrait dispa-
» raître presqu'entièrement, parce que les mots
» s'expliqueraient presque tous par *des mots*, se dé-
» composeraient *en mots*. »

Comme cette question a été souvent agitée par
les instituteurs, et que de ses solutions diverses sont
résultées les différentes méthodes, nous insérons
ici quelques réflexions que M. Morel, professeur
à l'institut de Paris, a exposées sur le langage des
gestes, et le rôle qu'à son avis, il doit jouer dans
l'enseignement, suivant les progrès des élèves dans
la connaissance de la langue.

« Le langage des gestes, dit le professeur, a été
l'objet de nombreuses critiques; on a trouvé que sa
syntaxe, si différente de celle de nos langues artificielles, nuisait à l'acquisition familière de ces dernières; on a surtout insisté sur la funeste influence
des signes méthodiques. Nous croyons que ces critiques sont fondées, mais nous ne saurions sous-
crire à toutes les conséquences que l'on veut en
tirer. Les antagonistes du langage mimique lui
prêtent une étendue trop grande dans l'enseignement, afin de pouvoir mieux en faire ressortir les
inconvéniens; puis ils se fondent sur ces mêmes inconvéniens pour proscrire les signes de l'enseignement, ou du moins pour en restreindre l'emploi dans

des limites trop étroites ; et c'est ainsi que, pour éviter un excès, ils tombent dans l'excès contraire. D'un autre côté ils négligent de considérer le langage mimique sous deux points de vue différens : par rapport au développement de l'intelligence, et par rapport à l'acquisition familière de la langue écrite, distinction bien essentielle pourtant puisque les critiques qu'ils font du langage des gestes sont la plupart fondées dans le second cas, mais ne le sont nullement dans le premier. En effet la syntaxe du langage mimique ne nuit point à l'acquisition des idées ; elle n'est à craindre que lorsqu'il s'agit de familiariser le sourd-muet avec la langue de son pays. Enfin ils confondent trop souvent les signes méthodiques avec ceux qui sont de la création du sourd-muet, et attribuent aux seconds les vices qui n'appartient qu'aux premiers.

« Le langage mimique se compose de signes de différentes espèces. Quelques instituteurs ne veulent admettre, pour l'instruction des sourds-muets, que les signes entièrement naturels, et ils ne regardent comme tels que ceux qui sont compris de tout le monde. Cette opinion nous paraît un peu exagérée : se borner aux signes compris de tous les hommes, ce serait se créer une bien faible ressource pour l'instruction des sourds-muets ; ensuite, nous ne pensons pas que, parce qu'un signe ne sera pas compris de prime abord de telle ou telle personne, il ne sera pas naturel : pour reconnaître un objet dans une description mimique, quelque naturelle que soit cette dernière, il faut avoir étudié cet objet; plus une personne aura observé la nature, plus il y aura de signes naturels pour elle. Ainsi, il y aura plus de signes naturels pour les sourds-muets que pour les autres hommes, parce que leur infirmité les met dans la nécessité d'examiner les objets qui les entourent pour en retracer l'image à ceux auxquels ils s'adressent. Donc pour trouver les signes naturels, il faut connaître la nature, et par conséquent un signe peut être naturel sans être compris de tout le monde.

« Quant aux signes méthodiques, c'est-à-dire à ceux qui ne réveillent pas d'idées par eux-mêmes, qui ne rappellent que des mots ou leurs accidens, ceux enfin que le maître institue pour rendre la langue mimique parallèle à nos langues artificielles, nul doute qu'ils sont inutiles au développement de l'intelligence et nuisibles à l'acquisition familière de la langue.

« Mais entre les signes naturels et les signes méthodiques, il y a une autre espèce de signes qui se fondent en partie sur la nature, en partie sur l'analogie et la convention. C'est là le véritable langage du sourd-muet; son langage d'association, si l'on permet cette expression; langage qui a été très-peu étudié par ceux qui le critiquent, qui n'a encore été décrit dans aucun ouvrage et dont on se ferait une idée entièrement fausse si on voulait le chercher dans la théorie des signes de l'abbé Sicard.

« Le sourd-muet apporte dans nos institutions un langage bien peu étendu, parce qu'il n'a pas eu occasion de le développer; mais dans le commerce de ses camarades, ce langage s'enrichit chaque jour et acquiert bientôt une extension considérable. L'instituteur doit s'emparer de ces signes qui, quoiqu'en partie conventionnels, répondent cependant dans l'esprit de l'élève à des idées qu'il s'agit de revêtir des expressious de notre langue. Ces signes ne coûtent rien au maître, il les trouve déjà en circulation ; il ne crée pas, comme pour les signes méthodiques, deux langues parallèles, il s'empare seulement d'une langue que le sourd-muet acquiert par l'usage, pour lui en faire connaître une autre.

« L'intelligence du sourd-muet se développe bien plus par le commerce de ses camarades plus instruits que par les leçons du maître, car il existe aussi une espèce de tradition au sein de nos institutions, et si les élèves ne se familiarisent pas entre eux dans nos langues artificielles, ils se communiquent du moins une masse d'idées qui se transmet de génération en génération, et qui est comme mise en dépôt dans le langage mimique. Ainsi, la plupart du temps, l'élève possède déjà les idées pour lesquelles l'instituteur veut lui donner nos expressions ; il suffit donc qu'il les réveille : or, peut-il trouver un moyen plus naturel que d'employer les signes avec lesquels l'élève communique lui-même ses idées à ses camarades ?

« On objectera peut-être qu'en suivant cette marche on ne familiarisera pas le sourd-muet avec l'usage de la langue. Nous ne sommes pas partisans exclusifs du langage mimique ; nous croyons cependant qu'on en exagère ici les inconvéniens. Craignons qu'en le proscrivant trop tôt de l'enseignement de la langue, on ne favorise l'acquisition matérielle de cette dernière aux dépens des idées qu'elle doit représenter. Nous reconnaissons qu'il arrive une époque où la syntaxe du langage mimique nuit à la connaissance pratique de la langue écrite, mais pour cette raison, faudra-t-il renoncer à cet utile instrument, lorsqu'il ne s'agit encore que du développement des idées et des élémens constitutifs de la langue? Un élève exprimera sans cesse des jugemens, et quand il sera question de lui faire connaître nos propositions correspondantes, on devra s'interdire le langage avec lequel il manifeste sa pensée! et cela, parce que sa construction est différente de celle de nos langues artificielles! mais avant de le détacher du langage des gestes, attendez au moins que vous ayez transporté dans votre langue les richesses qu'il possédait dans la sienne. Avant de le faire penser dans votre langue, avant de lui en rendre l'usage familier, il faut qu'il connaisse les expressions, les formules dont elle se compose.

» Lorsque l'intelligence du sourd-muet aura acquis un certain développement; lorsqu'il connaîtra la valeur des expressions, des locutions de notre langue, et qu'il s'agira de lui en rendre l'usage familier; c'est alors que la syntaxe du langage des gestes pourrait contrarier les progrès de l'élève, c'est alors aussi qu'il faudra en resteindre l'emploi, pour s'exprimer dans la langue qu'il doit employer dans la société.

» L'instruction des sourds-muets pourrait être

divisée en deux périodes principales : dans la première, l'instituteur se sert du langage mimique pour développer l'intelligence du sourd-muet et lui faire connaître la valeur de nos expressions ; à mesure que l'élève enrichit son langage par le commerce des autres sourds-muets, le maître s'en empare pour interpréter nos constructions. Ici le langage des gestes a une marche progressive, non pas en ce sens qu'il s'étend avec la connaissance de la langue artificielle, mais au contraire en ce sens que la connaissance de cette dernière s'étend avec le développement de l'intelligence et par conséquent du langage mimique qui en est l'expression.

» Dans cette première période, la fonction du langage des gestes est *d'imposer* les mots, de traduire les phrases, d'analiser leur construction; il est un instrument direct de l'enseignement des langues.

» Dans la seconde période, l'intelligence du sourd-muet est à la hauteur des idées exprimées par les mots; il attache une valeur à nos locutions; il connaît déjà assez bien nos phrases pour qu'elles deviennent à leur tour interprètes de sa langue. Il s'agit maintenant de lui en rendre l'usage familier; il faut donc le détacher de la syntaxe du langage mimique pour lui faire adopter celle de la langue de son pays. Ici le langage des gestes perd de son importance; on doit en faire un emploi plus rare à mesure que l'élève avance dans la connaissance de sa nouvelle langue, sans cependant y renoncer entièrement; et c'est ici que l'articulation, qui d'abord n'a été qu'un objet d'étude, peut devenir à son tour

(17)

un instrument précieux pour l'acquisition familière de la langue, en mettant la pensée en circulation, sous les expressions mêmes dont elle se revêt ordinairement.

» Dans cette seconde période, le langage des gestes ne joue plus le même rôle que dans la première; il n'est plus destiné à analyser la pensée, à expliquer les formules de la langue; il sert à transporter l'élève sur la scène de la vie, à lui retracer les événemens, les circonstances, les actions propres à faire naître les idées qu'on veut réveiller, les sentimens qu'on veut faire éprouver.

» Dans une éducation particulière, on peut se passer entièrement des signes dans cette seconde période : le maître peut faire assister son élève au spectacle de la nature, le transporter dans telle ou telle circonstance, le rendre témoin des événemens de la vie journalière; il l'instruit en présence de la réalité. Il n'en est pas de même dans une institution considérable où l'instituteur est confiné avec ses élèves dans l'enceinte d'une classe : les événemens, les circonstances ne se présentent pas d'eux-mêmes pour fournir matière à l'enseignement; il faut donc un moyen de les figurer, et nous le trouvons dans le langage des gestes : il supplée à la réalité, il crée un monde artificiel, et, comme le dit M. Naef, l'*école devient la répétition de la vie*. Mais, nous le répétons, le langage mimique ne doit plus être considéré par rapport à l'interprétation grammaticale de la langue, mais par rapport aux événemens, aux faits, aux circonstances de la vie; il ne doit plus

analyser les idées partielles qui entrent dans une pensée, mais présenter cette pensée dans son ensemble,
sans égard aux mots qui concourent à l'exprimer.

« Dans cette période, le langage des gestes vient
quelquefois donner la vie à l'enseignement : ainsi on
retracera un événement que les élèves raconteront
par écrit ; mais il ne faudra pas couper la narration
dans ses différentes circonstances pour en faire
rendre compte à mesure ; on aurait à redouter la
syntaxe du langage des signes ; et de même qu'une
circonstance isolée d'un événement réel ne dit rien
à l'esprit, et qu'il faut être témoin de l'événement
entier pour en juger, de même il faut présenter par
le langage mimique l'événement fictif comme un
tableau complet. De cette manière les élèves ne
conserveront que l'enchaînement des diverses parties de l'événement, sans s'attacher aux signes qui
ont servi à les retracer, et dans ce cas, plus on con-
servera à ces derniers leur génie particulier, plus ils
se rapprocheront des faits réels, et par conséquent,
moins leur syntaxe contrariera les élèves dans l'emploi de la langue écrite. Lorsque les élèves auront
rendu compte de l'événement, on pourra les inter-
roger par écrit sur ce sujet, comme on interrogerait
un enfant ordinaire sur un événement dont il serait
témoin.

« Quelquefois aussi le langage des gestes viendra
vérifier si la pensée a été bien saisie ; mais sa syntaxe
n'est plus à redouter : il ne vient qu'après la phrase
écrite, il ne vérifie que la pensée entière et non
l'enchaînement des mots qui l'expriment.

» Nous croyons enfin que, dans tous les rapports
que l'instituteur aura avec son élève, toutes les fois
qu'il lui communiquera sa propre pensée, il doit
s'exprimer dans la langue qu'il veut lui rendre familière; et que le langage mimique ne doit plus être
que ce que sont les faits réels dans l'instruction ordinaire.

» Ainsi, dans la première période, le langage
des signes est l'instrument de l'enseignement; il
interprète la valeur des expressions, il explique la
construction des phrases : dans la seconde, il fournit les matériaux de l'enseignement, il transporte
l'élève sur la scène du monde, il met sa pensée en
présence de la réalité; mais c'est par le moyen de
la langue écrite ou parlée qu'il exprime cette
pensée.

» Le langage mimique mérite d'être considéré
sous un autre point de vue : Il existe dans chaque
institution un certain nombre d'élèves qui, sans être
idiots, ne sont pas susceptibles d'être introduits dans
la connaissance suffisante de nos langues artificielles,
mais dont l'intelligence peut recevoir un certain degré
de culture par le langage des gestes. L'institut de
Paris renferme en ce moment même trois sourdes-
muettes qui n'ont jamais pu se familiariser avec la
syntaxe de la langue française, et qu'on instruit
cependant dans la religion par la voie des signes.
Ce langage acquiert, pour ces infortunées, une
haute importance; car si elles ne peuvent être ren-
dues entièrement à la vie sociale, elles peuvent
l'être du moins à la vie morale et religieuse; et

certes, c'est encore un assez grand bienfait, pour ne pas négliger l'instrument qui le procure. »

La question que M. Morel a traitée est de la plus haute importance dans l'éducation des sourds-muets. Nous croyons que le moment est venu de la discuter sérieusement : la solution, en opérant un rapprochement entre les opinions extrêmes, sera favorable au perfectionnement de la méthode; car ce n'est que lorsque tous les instituteurs seront d'accord sur le rôle que le langage des gestes doit jouer dans l'enseignement, que l'on pourra espérer de véritables succès de la confédération qui les unit.

Plusieurs institutions ne négligent rien pour perfectionner l'art d'instruire les sourds-muets. A Groningue, les instituteurs sont tenus, depuis très-long-temps, de faire des rapports sur leurs procédés en matière d'enseignement ; convoqués, chaque semaine, à une heure déterminée, ils produisent ces rapports à l'instituteur en chef.

On a aussi établi, depuis plusieurs années, des leçons générales de pratique, c'est-à-dire rassemblement commun de toutes les classes; de même que des leçons de théorie dont l'utilité a été reconnue.

A Pise, la commission administrative exige que le directeur et les instituteurs lui présentent, chaque mois, un rapport sur les observations qu'ils ont lieu de faire dans l'enseignement.

A l'institut de Paris, le directeur actuel, M. l'abbé Borel, a établi, depuis l'année passée, des conférences entre toutes les personnes qui concourent à l'instruction des sourds-muets. Ces conférences ont lieu une fois par semaine; on y discute tous les points de la méthode; un membre est chargé de rédiger le procès-verbal des séances.

Nous recommandons ces mesures à toutes les institutions; c'est le vrai moyen de perfectionner la théorie, et de mettre de l'harmonie dans la pratique.

En même temps qu'on cherche à perfectionner la méthode, on travaille aussi à rendre son application plus prompte et plus facile.

Le conseil de perfectionnement de l'institut de Paris, a fait sentir, dans son mémoire, l'utilité de » nomenclatures appropriées à chaque classe, fai- » sant suite les unes aux autres, et dans lesquelles les » mots seraient disposés suivant un ordre logique » qui en faciliterait déjà l'intelligence. »

L'institut de Paris, appréciant toute l'importance d'un tel travail, a nommé plusieurs commissions pour procéder au dépouillement du dictionnaire, et en extraire tous les mots qui doivent être enseignés au sourd-muet. Ce n'est qu'après cette opération préliminaire que l'on pourra former une nomenclature méthodique.

M. Scagliotti, directeur de l'école des sourds-muets de Turin, s'est aussi occupé de la composition d'une nomenclature qu'il a fait parvenir à l'administration de l'institut de Paris. Ce travail consiste en une suite de tableaux où les mots de la langue italienne sont classés d'après l'analogie des idées. Il se partage en quatre parties, qui elles-mêmes se subdivisent en une série de tableaux.

La première partie traite de la nomenclature des objets physiques ;

La seconde, de la science morale ;

La troisième, de la grammaire ;

La quatrième, de l'ordre social.

Un objet non moins important, pour faciliter l'étude de la langue, c'est la composition d'ouvrages élémentaires propres à être mis entre les mains des élèves, et gradués suivant leurs forces, depuis le moment où ils peuvent comprendre les phrases les plus simples, jusqu'à celui où finit l'enseignement qu'ils doivent recevoir dans l'institut.

Quelques instituteurs allemands ont composé plusieurs ouvrages en ce genre, qui pourront offrir d'utiles indications, mais qui toutefois laissent encore beaucoup à desirer. Ils nous semblent contenir dès le début des notions trop générales ; les difficultés n'y sont pas toujours bien graduées, et ils pourraient présenter plus d'intérêt. Aussi nous avons appris, avec plaisir, que M. Humphreys, directeur à Dublin, et MM. Fleury et Gourzoff, directeurs de l'institution de Saint-Pétersbourg, s'occupent de la composition d'ouvrages élémentaires à l'usage des sourds-muets. Nous ne saurions trop encourager ces estimables instituteurs à persister dans leur travail ; ils rendront un service éminent à la classe d'infortunés auxquels ils consacrent leurs soins.

(23)

Quant aux renseignemens que demandent MM. les directeurs de l'institution de Saint-Pétersbourg, concernant le plan d'après lequel l'administration desire que soient rédigées les lectures graduées qu'elle a mises au concours, nous ne pourrions mieux satisfaire à cette demande qu'en insérant ici le résumé du programme :

« Les sujets de lectures contiendront des phrases
» très-simples, composées de mots déjà connus des
» élèves, exprimant des idées à leur portée.

» Ces phrases doivent être graduées de manière
» à se plier à leurs progrès et à les seconder ; elles
» doivent être liées entre elles d'une manière mé-
» thodique.

» Ces sujets de lectures doivent rouler sur des
» objets utiles, instructifs et en même temps propres
» à intéresser les élèves et à piquer leur curiosité. »

Le directeur de l'institution de Pise, M. Pecchioli di Siena, consulte l'institut de Paris sur ces deux questions :

« 1.º Combien de temps croyez-vous qu'il faille
» pour enseigner au sourd-muet la langue écrite ?
» 2.º Quelles matières estimez-vous les plus intéres-
» santes et les plus propres à l'instruction du sourd-
» muet, et pendant qu'on lui enseigne sa langue,
» et pour lui en rendre l'usage familier, et après
» qu'il l'a apprise, avant d'être rendu à sa famille ? »

Nous croyons que cinq ans peuvent suffire pour apprendre au sourd-muet la langue écrite ; du reste, nous renvoyons M. Pecchioli au tableau des institutions; il pourra comparer le temps qu'on accorde dans chacune à l'instruction des sourds-muets.

Quant à la seconde question, les matières les plus intéressantes et les plus propres à l'instruction des sourds-muets, seraient des lectures élémentaires qui, tout en se pliant au développement progressif de la langue, initieraient les élèves dans la connaissance de tous les faits dont l'ensemble compose l'expérience du commun des hommes; mais il n'existe pas, sur ces faits de la vie journalière, d'ouvrages qui soient à la portée des sourds-muets, lorsqu'ils commencent à comprendre nos phrases. Le professeur doit suppléer à cette pénurie de matériaux en profitant de tous les événemens dont ses élèves sont témoins pour leur en faire rendre compte par écrit, et en composant lui-même de petites narrations dont la contexture grammaticale correspondra à la connaissance que les élèves auront acquise dans la langue; l'histoire naturelle des animaux fournit une ample matière à l'enseignement de la langue, et les élèves y prennent beaucoup de goût. Plus tard, on pourra l'intéresser par des traits de morale; mais il faut se garder de la leur présenter sous forme de préceptes, elle doit être vivante dans les exemples. La plupart des ouvrages de morale à l'usage des enfans, contiennent avant le récit de chaque action morale, des réflexions générales revêtues d'expressions abstraites; l'instituteur de sourds-muets doit les supprimer pour ne laisser subsister que le récit, qu'il présentera à ses élèves dans des phrases qui soient à leur portée ; après le récit, quelques réflexions simples, tirées de l'exemple même, atteindront le but moral mieux que les phrases sentencieuses que les sourds-muets ne comprendraient pas.

Quand les élèves connaîtront assez bien la langue, l'instituteur pourra leur donner à lire les ouvrages les plus élémentaires sur chaque partie : c'est l'histoire naturelle, le récit d'événemens, les traits de morale qui les intéressent davantage.

Comme ces questions sont très-importantes et qu'elles méritent d'être examinées à fond, nous les soumettons aux lumières de tous les instituteurs.

L'institut de Paris desire connaître quelle méthode les autres institutions suivent pour enseigner la religion, le dessin, le calcul, l'histoire et la géographie ; quelles applications elles font du dessin et du calcul, et jusqu'à quel point elles enseignent l'histoire et la géographie.

2.º ARTICULATION; ALPHABET LABIAL.

M. H. D. Guyot, de Groningue, dans une lettre adressée au directeur de l'institut de Paris, reconnait que l'art d'apprendre à parler aux sourds-muets, est un travail pénible, un travail de patience et de longue haleine ; mais il affirme qu'on obtient des succès réels et qu'une pratique de plus de quarante années l'a pleinement convaincu de cette vérité ; il ajoute que « il est très-possible même d'ôter au » sourd-muet la rudesse de son parler et cette mo-

» notonie désagréable qui blesse les oreilles, et ce
» par le tact du larynx. »

A l'institut de Groningue, l'enseignement de l'articulation accompagne toutes les autres parties de l'instruction; on entreprend les élèves dès qu'ils arrivent à l'école, s'il ont les dispositions requises, et l'on continue de les exercer à cet égard durant tout le cours qui est de sept à huit ans. Tant qu'ils sont dans l'établissement, ils préfèrent leur langage mimique; mais, dès qu'ils l'ont quitté, ils se voient obligés de parler pour se faire entendre des autres personnes.

L'enseignement de l'articulation, à Groningne, est tantôt individuel, tantôt simultané : individuel, lorsqu'il s'agit de l'exercice du larynx; simultané, quand il est question de l'exercice du miroir et d'une certaine répétition pour délier la langue.

M. Watson de Londres, dans une lettre également adressée à M. le directeur de l'institut de Paris, trace rapidement la marche qu'il suit pour enseigner l'articulation aux sourds-muets.

Il commence par les voyelles, en faisant observer à l'élève, la position de l'organe vocal, et en l'engageant à l'imiter; si l'élève ne produit pas de sons, l'instituteur lui fait toucher son gosier au-dessous du larynx et lui fait remarquer le mouvement qui s'y opère.

M. Watson passe ensuite aux consonnes en les joignant aux voyelles pour former des syllabes. Des syllabes, ils procède aux mots, réduisant toujours ces derniers en leurs élémens syllabiques.

L'instituteur anglais recommande surtout de ne pas trahir son impatience dans les premier essais, de crainte de décourager l'enfant. Sous une bonne direction, un élève intelligent doit, selon lui, dans l'espace de cinq ou six semaines, parvenir à prononcer les voyelles et les syllabes, et jusque là son instruction doit être individuelle.

A l'institution de Londres, chaque classe est composée de dix à douze élèves, afin que le maître ait constamment de l'occupation, et que les élèves puissent reposer leur attention, chacun à son tour (sans cesser de parler), de peur qu'en forçant l'application, on n'inspire du dégoût pour l'exercice volontaire qui est de la plus haute importance.

M. Waston croit que l'enseignement de l'articulation, loin de prolonger le temps nécessaire à l'instruction du sourd-muet, est au contaire un moyen d'accélérer ses progrès. Mais il pense qu'on aurait tort de s'attacher à polir la prononciation de chaque élève; dans beaucoup de cas, ce serait du temps et de la peine perdus. Quelques-uns ont naturellement des voix faibles et discordantes, et d'autres sont incapables de cette perspicacité d'observation nécessaire à la propre imitation du langage articulé; ceux-ci ne pourront apprendre qu'à lire sur les lèvres des personnes qui s'adressent directement à eux, sur des sujets familiers. Ceux au contraire qui ont les organes fléxibles, peuvent être amenés à un haut degré de perfection, comparativement à leur infirmité.

M. Naef, dans le mémoire déjà cité, attache

aussi beaucoup d'importance à l'enseignement de l'articulation, mais il le croit impossible dans des établissemens trop considérables. L'organisation physique, l'inertie que les organes de la voix ont contractée, l'altération même plus ou moins prononcée qu'ils ont quelquefois subie, sont autant d'obstacles à vaincre, et ces obstacles sont souvent insurmontables. Cependant M. Naef est parvenu à enseigner l'articulation à plusieurs sourds-muets, et il a observé que cette faculté a de beaucoup augmenté leur bonheur intérieur. L'instituteur d'Iverdon croit même que « la production de la parole » par les organes de la voix, quoiqu'ils ne puissent » la saisir par l'ouie, leur donne beaucoup de lu- » mières sur la nature de la langne, à laquelle les » élèves qui parviennent à prononcer, apportent « toujours plus d'intérêt, plus de vivacité, et y font » des progrès plus rapides ».

M. Wiegand, instituteur à Gudensberg, dans la Hesse électorale, a adressé à l'institut de Paris, un mémoire dans lequel il fait des observations sur l'enseignement de l'articulation et de l'alphabet labial. Il croit que la lecture sur les lèvres est trop difficile pour les sourds-muets, et il doute qu'ils puissent converser avec d'autres personnes qu'avec leur maître. Cet enseignement du reste exige de la part de ce dernier, une connaissance approfondie du mécanisme de la parole, et le temps qu'il faut y consacrer n'est pas compensé par les avantages qu'en retirent les sourds-muets. Enfin la lecture sur les lèvres paraît à M. Wiegand, compliquer et entraver la marche de l'enseignement, et exiger beaucoup plus de maîtres.

L'enseignement de l'articulation, selon cet instituteur, est d'une plus haute importance, parce que la parole explique les signes qui ne sont pas compris, que les signes expliquent à leur tour les paroles vagues et mal articulées, et qu'ainsi ces deux instrumens s'interprètent ou se suppléent réciproquement.

Il enseigne l'articulation dès que l'élève peut écrire les lettres de l'alphabet d'après la dactylologie. Dans l'espace de deux ans, ses élèves sont parvenus à lire, à haute voix, et assez distinctement, les caractères allemands et latins, et à comprendre la division des syllabes; mais il doute qu'il puisse réussir à leur apprendre à lire d'après les règles d'une prononciation exacte; toutefois il essaiera.

L'articulation artificielle a été longtemps négligée à l'institut de Paris. Depuis qu'il marche dans la voie des améliorations, grâce aux lumières qui lui arrivent de toutes parts, au zèle infatigable des instituteurs, à la généreuse coopération du conseil de perfectionnement, cette lacune a été comblée.

Bien plus, l'institut de Paris, après avoir reçu l'impulsion de l'étranger, pour l'enseignement de l'articulation artificielle et de la lecture sur les lèvres, pourra, à son tour, donner l'exemple aux autres institutions pour l'éducation des demi-sourds. En effet, plusieurs institutions étrangères ont bien tenté de rendre l'ouïe aux sourds-muets, de l'améliorer par des moyens thérapeutiques; mais aucune n'a cherché à faire l'éducation de l'ouie chez ceux qui en ont conservé quelques traces, à la dévelop-per par une sorte de gymnastique vocale, et à profi-ter de ce reste d'ouie pour enseigner la parole.

M. le docteur Itard, après de nombreuses expé-riences, a fait à l'administration une suite de rap-ports. Il distingue cinq degrés de surdité :

Premier degré. Impossibilité d'entendre la parole sur le ton ordinaire de la conversation, telle que les sons vocaux, quoique très-perceptibles, ne le sont cependant que lorsque la voix est plus ou moins élevée et plus ou moins directe.

Deuxième degré. Impossibilité de distinguer, même à haute voix, un grand nombre de sons articulés, autrement dit consonnes, quoique les sons inarticulés ou voyelles soient nettement perçus.

Troisième degré. Impossibilité d'entendre les sons articulés, et possibilité d'entendre seulement les sons inarticulés.

Quatrième degré. Impossibilité d'entendre les sons de la voix humaine, et possibilité d'entendre seulement les bruits plus ou moins éclatans.

Cinquième et dernier degré. Surdité complète, inaudition des sons et des bruits, perception seule-ment des ébranlemens sonores de l'air par le tou-cher, ou par une sorte de vibration dans le centre épigastrique.

Les personnes atteintes du premier degré de surdité, peuvent être instruites par les méthodes ordinaires; elles ne peuvent pas être reçues dans les institutions de sourds-muets.

Les sourds-muets des deux derniers degrés ne peuvent être instruits que par le langage mimique ; ceux des deuxième et troisième degrés peuvent recevoir l'instruction concurremment par le langage mimique et par l'ouie.

M. Itard examine ensuite la méthode d'éducation pour les demi-sourds. Comme leur ouie est trop faible pour, à l'aide de ce moyen, se mettre en communication avec la société, acquérir des idées, les développer et les échanger , et que cependant, une fois ces idées acquises, ils peuvent se servir de leurs facultés auditives et orales pour converser avec les hommes entendans et parlans , il faut, selon le judicieux médecin , mettre en usage concurremment les signes parlés et les signes manuels. Ceux-ci doivent servir à l'acquisition des idées, et on ne doit exiger d'abord des organes vocaux que de traduire la chose représentée par signes , et du sens auditif, que de saisir le nom parlé et d'en diriger la répétition vocale. Mais quand l'élève sera parvenu à former quelques phrases, dès ce moment , il commencera à différer des autres sourds-muets, par une manière plus exacte d'énoncer ses idées , parce que le langage mimique qu'emploient ces derniers, étant très-compliqué pour rendre une phrase, exerce une funeste influence sur l'expression écrite de cette phrase.

M. Itard croit qu'il serait nuisible d'isoler les demi-sourds , de ceux qui le sont complétement, parce qu'ils perdraient les avantages attachés au langage des signes, et ne seraient pas en état de faire servir la parole à leurs relations mutuelles ; ces enfans, ainsi séquestrés des sourds-muets, arriveraient plutôt à se créer une langue de signes.

M. de Gérando, en rendant compte des travaux de M. Itard, fait observer que les demi-sourds paraissent quelquefois plus sourds qu'ils ne le sont réellement, parce que l'activité des autres sens étouffe le peu d'audition qu'ils ont conservée ; que par conséquent, pour rendre à l'ouïe son activité, il faut intercepter les impressions qui agissent sur les autres sens, et attirer toute l'attention de l'élève sur celui qu'il s'agit de développer ; qu'en un mot, il faut lui apprendre à *écouter*. Cette observation conduit M. de Gérando à penser que l'enfant atteint du quatrième degré de surdité, pourrait peut-être, en étant soumis à des exercices répétés, être amené au troisième degré ; que l'enfant atteint du troisième degré de surdité, pourrait également être amené au deuxième degré et ainsi de suite ; c'est d'après cette considération que M. de Gérando diffère, sous quelques rapports, d'avec M. Itard, dans le régime qu'il faut suivre avec les demi-sourds, et qu'il voit un grave inconvénient à les réunir d'une manière continue avec les vrais sourds-muets, soit dans les récréations et les autres habitudes de la vie, soit dans les exercices. Cette réunion lui paraîtrait être l'obstacle le plus directement contraire à la culture de l'audition et des facultés orales.

A la suite de ces différens rapports, l'administration arrêta que des essais seraient tentés sur les demi-sourds et sur ceux qui le sont complétement. Secondée par S. Ex. Mgr le Ministre de l'intérieur, qui voulut bien accorder les fonds nécessaires à cette nouvelle branche d'enseignement, elle établit, au commencement de 1828, une classe d'articulation qu'elle confia à un professeur de l'institut, M. Valade, qui avait déjà fait quelques essais particuliers. Deux membres du conseil de perfectionnement furent chargés de suivre les expériences et de constater les résultats.

M. Valade commença ses essais sur quinze individus, dont sept entièrement sourds, et les huit autres ayant conservé plus ou moins d'audition. Chaque division ne recevait qu'une heure de leçon par jour, et cependant les résultats obtenus la première année, donnent droit aux plus justes espérances pour l'avenir.

M. Valade a exposé dans plusieurs rapports, les moyens qu'il a employés, la marche qu'il a suivie, et les progrès qu'ont faits ses élèves.

Les moyens qu'il a employés sont :

« 1.º L'examen de la position des organes de la » voix, nécessaire pour la production de chaque » son et de chaque articulation ;

» 2.º L'observation des phénomènes que produit » l'émission de certains sons, soit dans le larynx, » soit dans la poitrine, soit dans les flancs, &c. ;

» 3.º L'appréciation de l'intensité du souffle » sonore et de la direction qu'on lui imprime ;

« 4.º La comparaison de l'impression tactile » exercée dans l'intérieur de la bouche, avec des » sensations analogues, produites sur d'autres par- » ties du corps ;

« 5.º Enfin, l'observation des modifications fugi-
» tives que la prononciation fait éprouver à l'en-
» semble des traits de la face. »

M. Valade a commencé par classer les voyelles,
les consonnes et les syllabes, dans l'ordre le plus
propre à l'exercice graduel des divers organes qui
prennent part à la formation d'un langage articulé;
cette classification a exigé l'analyse des mouvemens
variés de ces organes pour chaque son et chaque
articulation; aussi a-t-il présenté à l'administration
deux tableaux analytiques, l'un des sons de la voix
humaine, l'autre des articulations de la langue française. « Si ces travaux, dit le conseil de perfection-
» nement, ont plusieurs fois été tentés, si des
» hommes habiles les ont exécutés avec plus ou
» moins de succès, nous devons dire que M. Va-
» lade ne les a point copiés servilement, qu'il se les
» est appropriés en les reproduisant et en les modi-
» fiant quelquefois très-ingénieusement, surtout
» dans ses applications à des sujets non moins dif-
» férens par le degré de faiblesse des organes que
» par celui de l'intelligence. »

Comme tous les instituteurs, M. Valade commence par les voyelles, puis par les consonnes; mais
il n'épuise pas tous les sons et toutes les articulations avant de passer aux syllabes.

Il fait émettre à l'élève les valeurs phoniques,
avant de lui en présenter les signes écrits : « On
» tomberait dans de graves inconvéniens, dit le
» professeur, en suivant une marche inverse, c'est-
» à-dire, en présentant le signe à l'élève avant de

» lui avoir appris à émettre la valeur que ce signe est
» destiné à représenter. Tout signe composé semble
» lui indiquer un mouvement composé; d'ailleurs il
» arrive souvent qu'en voulant faire prononcer une
» voyelle à l'élève, il en prononce une autre; afin
» de profiter de cette méprise, le maître est obligé
» de substituer un nouveau caractère à celui qu'il
» avait déjà présenté; l'élève voit son erreur, il sent
» que ses observations ont été infructueuses, et
» dès lors il n'observe plus; il croit pouvoir arriver
» à la prononciation de la lettre désignée par une
» suite de mouvemens irréfléchis. »

Les difficultés que présente l'art d'apprendre à
parler au sourd-muet, sont encore augmentées par
l'imperfection de notre système phonographique;
obligé de le prendre tel qu'il est, M. Valade s'est
du moins efforcé d'en masquer les anomalies, et de
faire ressortir au contraire ce qu'il peut avoir de
philosophique, afin que l'étude du signe servît à
acquérir une connaissance plus exacte de la chose.

Il a su rendre l'enseignement de l'articulation simultané, à l'aide d'un cours de lecture, disposé en
une suite de tableaux mobiles. L'emploi de lettres
de différentes couleurs fait distinguer à l'élève, sans
altérer l'ortographe, les voyelles, les consonnes et
les lettres nulles, et facilite la division des mots en
leurs élémens syllabiques. Enfin le mouvement
rhythmique apprend à modérer ou à accélérer la
rapidité de la voix, à prononcer en un seul temps,
les diphthongues et les articulations doubles; il ha-
bitue à lier les syllabes entre elles; il permet des

exercices simultanés, et par là établit une sorte de gymnastique vocale.

Quant aux sourds-muets qui ont conservé un certain degré d'audition, M. Valade a modifié beaucoup la marche qu'il a suivie pour ceux qui sont complétement sourds. Comme il s'agit principalement de fixer leur attention sur le sens de l'ouie, il ne leur a pas enseigné en même temps, la lecture et la prononciation, parce qu'il eût partagé leur attention entre deux sensations appartenant à des sens différens, et que l'une des sensations eût été affaiblie par l'autre. Il s'est donc attaché d'abord à leur faire prononcer les sons et les articulations indépendamment des caractères qui les représentent, et ce n'est que lorsqu'ils étaient parvenus à discerner par l'ouïe et à reproduire par les organes de la voix, toutes les valeurs phoniques, qu'il leur a appris à les exprimer à la vue des caractères de l'alphabet.

Pour captiver l'attention des élèves et la diriger sur le sens de l'ouïe, le professeur a écarté tout ce qui pouvait leur causer de la distraction, les a placés dans une situation calme; et, dans cette disposition, il a employé les modulations les plus simples qui pouvaient agir sur le sens auditif.

Dans les expériences que M. Valade a faites sur l'art d'apprendre à parler au sourd-muet, il a cherché principalement à en faire une étude d'observations, à le fonder autant que possible sur des principes fixes, et à le soustraire ainsi aux tâtonnemens et à l'empirisme qui jusqu'ici a régné dans son application. C'est pour cette raison, qu'avant de commencer l'enseignement de l'articulation, il attend que l'intelligence du sourd-muet ait acquis un certain développement.

Au mois de juillet de l'année passée, les deux membres du conseil de perfectionnement qui avaient été chargés de suivre les essais de M. Valade, firent un rapport à l'administration sur le résultat de leurs observations, relativement aux élèves complétement sourds. Après avoir tracé en peu de mots la marche qu'a suivie le professeur, ils constatent les résultats obtenus : « les élèves, disent-ils, après avoir passé » par toutes les gradations de la méthode, sont arri- » vés à articuler toutes les voyelles, toutes les con- » sonnes, la plupart des syllabes et un grand nombre » de mots, à la vue des lettres qui les représentent, » et à lire les uns et les autres sur les lèvres de leur » maître et sur celles de quelques-uns d'entre eux.

» L'essai est donc concluant, et il est tout ce qu'il » pouvait être. »

Au commencement de 1829, M. Valade a aussi fait un rapport où il a exposé succintement les résultats obtenus pendant l'année qui venait de s'écouler :

« Les élèves complétement sourds, dit-il, sont en » état de lire sur mes lèvres, et de prononcer, sans » exception, d'une manière très-intelligible, toutes » les valeurs phoniques usitées dans la langue fran- » çaise; ils connaissent en outre les diverses manières » d'écrire ces valeurs, et presque toutes les anoma- » lies de notre alphabet; enfin ils savent décomposer » un mot en ses élémens syllabiques.

» Quant aux sujets qui ont conservé un reste d'ouïe :

» Sous le rapport de la lecture et de la prononcia-
» tion, ils sont au moins aussi avancés que les élèves
» complétement sourds.

» Sous le rapport de l'audition, les progrès sont
» très-diversifiés et presque toujours en raison directe
» du degré de développement intellectuel auquel
» chaque élève est arrivé. »

Beaucoup d'étrangers sont venus visiter la classe
d'articulation de l'institut de Paris ; et d'après le ju-
gement de MM. les docteurs Spurzheim et Rober-
ton de Londres, et celui de MM. les instituteurs de
Dublin, Birmingham et Groningue, les résultats sont
supérieurs, pour leur uniformité, à ceux qu'on a obtenus jusqu'à présent en Angleterre et en Allemagne.

Le directeur de l'institution de Pise, M. Pecchioli di Sièna, nous adresse cette question :

« Employez-vous quelque moyen, et, dans ce cas,
» quel moyen employez-vous pour vaincre la répu-
» gnance que le sourd-muet témoigne lorsqu'on com-
» mence à lui apprendre à parler ? »

Ce n'est pas dès le début que le sourd-muet
éprouve de la répugnance pour l'articulation ; au
contraire, il s'y prête d'abord avec goût, parce qu'il
aime tout ce qui est nouveau ; mais c'est lorsqu'on
arrive aux articulations qui exigent de la réflexion
de la part de l'élève, et sur lesquelles on est obligé
de revenir souvent, avant qu'il puisse les reproduire
de lui-même ; c'est alors qu'il témoigne quelquefois
de la répugnance. Pour la dissiper, il ne faut pas

s'obstiner à vouloir obtenir à l'instant la valeur phonique en question; il vaut mieux y renoncer momentanément et y revenir plus tard, lorsque l'élève est bien disposé. Il faut surtout observer ce précepte de M. Watson de ne jamais montrer de l'impatience; la répugnance se changerait en découragement, et alors nul espoir de réussir.

Pour que l'élève prenne intérêt à vos leçons, faites-lui entrevoir l'avantage qu'il retirera de la connaissance de la parole; et pour cela, ne vous contentez pas de le lui dire, mais faites-le lui sentir en lui en donnant des preuves. Ainsi, dès que votre élève saura prononcer quelques syllabes, formez-en des mots avant d'épuiser toutes les articulations; faites-lui prononcer un mot représentant un objet, et lorsqu'il réussira, apportez-lui l'objet qu'il vient de nommer; encouragez-le toujours, lors même qu'il n'aurait pas prononcé d'une manière bien distincte; applaudissez toujours à ses efforts; puis montrez-lui la manière de mieux prononcer.

Le cours de lecture de M. Valade est très-propre à jeter de la variété et de l'attrait dans les leçons d'articulation.

Une douceur inaltérable, une patience à toute épreuve, une certaine flexibilité d'esprit à varier les exercices, un grand fonds d'observations, telles doivent être les qualités de celui qui veut réussir dans ce genre d'enseignement.

L'institut de Paris proposera à son tour, à tous les instituteurs, cette série de questions :

1.º L'articulation peut-elle être considérée chez le sourd-muet comme un moyen d'instruction pour le développement de l'intelligence et la connaissance de la langue, ou seulement comme un moyen de mettre la pensée en circulation ;

2.º Dans le premier cas, peut-elle devenir un moyen *général* d'instruction dans une institution considérable ?

3.º Les institutions où la parole est l'instrument de l'enseignement, ne sont-elles pas obligées de renvoyer les élèves qui, au bout d'un certain nombre d'expériences, ne sont pas jugés aptes à parler, soit par défaut d'organisation, soit surtout par défaut d'intelligence, et, dans ce cas, quel est le nombre de ces infortunés ?

4.º Comment l'enseignement de l'articulation se combine-t-il avec les autres branches de l'enseignement ?

5.º Les institutions où l'on enseigne l'articulation, conservent les élèves pendant six, sept, huit ans, et davantage ; pourrait-on faire marcher de front, dans un temps plus court, l'articulation, le développement de l'intelligence, et l'enseignement de la langue ?

6.º Dans ces institutions, s'occupe-t-on de l'articulation, dès que les élèves entrent dans la maison ; ou s'occupe-t-on d'abord du développement de l'intelligence, afin d'être mieux compris dans les démonstrations qu'exige l'enseignement de l'articulation ?

7.º Les élèves qui apprennent à parler, se servent-ils de cet instrument pour se communiquer entre eux, soit pendant les leçons soit pendant les récréations, &c., ou préfèrent-ils le langage mimique?

8.° Les élèves qui vont dans des ateliers en ville, comme à Groningue, à Saint-Pétersbourg, communiquent-ils avec les ouvriers parlans, ou par la parole, ou par écrit, ou par signes?

9.° Les sourds-muets deviennent-ils assez habiles dans l'articulation artificielle, pour profiter de la conversation des autres, ou ne comprennent-ils que lorsqu'on leur adresse directement la parole?

3.° INSTRUCTION INDUSTRIELLE.

M. Naef condamne toute instruction industrielle dans les institutions de sourds-muets. Selon lui, les travaux auxquels on astreint les élèves, loin de seconder le développement des facultés physiques, lui sont au contraire nuisibles.

Il observe que, lorsque le sourd-muet arrive dans une institution, les facultés physiques prédominent sur les facultés intellectuelles; qu'il s'agit avant tout de rétablir l'équilibre. En conséquence, M. Naef a banni toute espèce d'industrie de son établissement; il recourt à la gymnastique pour le développement physique de ses élèves.

L'instituteur d'Iverdon trouve même de l'inhumanité à introduire l'industrie dans l'éducation. « La » nature, dit-il, a voulu que l'homme jouisse d'un » temps où il soit exempt de tout soin et de tout

» travail pour sa subsistance, où il puisse développer
» en pleine liberté, pour sa haute destination, toutes
» les facultés dont il est doué. C'est attaquer cette
» destination même que d'abréger le temps de ce
» développement et d'y mettre ainsi des entraves.
» La nature s'est prononcée à cet égard en conser-
» vant aux parens non-seulement le soin le plus
» tendre pour leurs enfans, beaucoup au-delà du
» terme où leur existence pourrait se suffire à elle-
» même, mais en leur inspirant un sentiment qui
» réveille en eux la pitié la plus profonde à la seule
» pensée que leurs enfans doivent être réduits à se
» soutenir eux-mêmes. »

Nous pensons comme M. Naef qu'il serait nuisible de livrer les sourds-muets trop jeunes aux travaux industriels ; aussi l'administration a-t-elle arrêté
qu'avant d'entrer dans les ateliers ils apprendront le
dessin linéaire, mais nous sommes loin de croire,
avec cet estimable instituteur, qu'il faut bannir les
travaux industriels pendant tout le cours de leur
instruction. Sans doute, la gymnastique est plus
favorable au développement harmonieux des facultés physiques, et cette branche n'est pas négligée à
l'institut de Paris, mais les arts et métiers sont plus
favorables au développement des facultés intellectuelles, parce qu'ils exigent à un plus haut degré le
concours de ces facultés.

Il ne faut pas oublier que les sourds-muets appar-
tiennent la plupart à la classe indigente ; ils doivent
un jour travailler pour gagner leur vie, il faut donc
les mettre en état d'exercer une profession lorsqu'ils

sortiront de l'institution. Chaque métier exige un apprentissage de plusieurs années; faudra-t-il renvoyer cet apprentissage à l'époque où, rentrés au sein de la société, ils doivent déjà subsister de leur propre travail? Mais l'apprentissage d'un métier exige des sacrifices souvent au-dessus des moyens des parens. C'est donc un vrai service et un acte d'humanité envers les sourds-muets de veiller à leur instruction industrielle.

Mais il y a ici des considérations d'une plus haute importance : s'il est dangereux de livrer les sourds-muets de trop bonne heure aux travaux industriels, il ne l'est pas moins de les y livrer trop tard ; il est à craindre qu'en les occupant uniquement de la culture des facultés intellectuelles, ils n'oublient leur condition et ne prennent en dégoût les travaux manuels lorsqu'ils rentreront dans la société; il faut surtout éviter, pour les sourds-muets, le passage subit d'une situation à une situation opposée; d'ailleurs, la connaissance d'une profession est pour eux une garantie morale.

Dans nos institutions, les élèves ne sont point asservis à leur travail comme des ouvriers; ils ne travaillent pas pour gagner leur pain; ils se préparent seulement à le gagner un jour.

Nous n'ignorons pas que les parens éprouvent un sentiment pénible en songeant que leurs enfans sont réduits à se soutenir eux-mêmes; mais il n'est pas en notre pouvoir de changer leur condition, et le sentiment que la nature inspire aux parens serait bien plus pénible encore s'ils avaient à y joindre l'idée que leurs enfans ne sont pas en état de pourvoir à leur existence , et cela est tellement vrai , que les parens préféreraient placer leurs enfans chez des chefs d'ateliers , s'ils n'apprenaient une profession dans nos instituts. Loin donc de commettre un acte d'inhumanité envers les sourds-muets en les accoutumant au travail industriel , les institutions remplissent à leur égard un des devoirs les plus sacrés des parens, celui de veiller à leur existence future. Aussi toutes les institutions considérables ont-elles établi des ateliers pour l'apprentissage des élèves.

A Groningue , on envoie les garçons dans des ateliers en ville , ce qui leur donne l'occasion avantageuse d'apprendre, de bonne heure, à converser avec les gens avec lesquels ils seront en relation , lorsqu'ils quitteront l'institution.

MM. Guyot ne croient pas qu'en fait de travaux d'industrie , les sourds-muets aient une supériorité réelle sur les entendans-parlans pour tel ou tel métier.

A Saint-Pétersbourg, l'institution possède un atelier de dessin et de gravure. On envoie, chaque jour, hors des heures de classe , dans les ateliers de la maison impériale des enfans-trouvés, attenante à l'institution, les élèves moins propres aux sciences , afin de leur faire apprendre des métiers , tels que ceux de relieur, menuisier. Les sourdes-muettes s'occupent du dessin, de la couture et de la broderie.

MM. Fleury et Gourzoff pensent , comme MM. Guyot, que, dans les arts et métiers, les sourds-muets n'obtiennent pas une supériorité. mar-

quée sur les entendans-parlans ; ils ont même remarqué que le sourd-muet est plutôt fait pour
l'imitation, et qu'en cela peut-être il devancerait
le commun des parlans ; mais que, par cette même
raison, il deviendrait rarement supérieur dans ce
qui exige le commerce des hommes et une étude
raisonnée de l'art pour perfectionner le talent et le
rendre créateur. Ils croient que les professions
d'imprimeur, relieur, tourneur, conviennent mieux
aux sourds-muets, principalement sous le rapport
de la moralité, que les métiers de tailleur, cordon-
nier, et autres semblables.

A Copenhague, l'institution possède des ateliers
de tailleurs, de cordonniers, de papetiers, de tisserands, de tourneurs. Ces ateliers sont dirigés
par des sourds-muets. Tous les vêtemens sont con-
fectionnés dans la maison.

A Schlewig, il y a des ateliers de tailleurs, de
tourneurs, de tisserands. L'institution est en relation avec une imprimerie où l'on emploie les enfans, autant que possible.

Le gouvernement de Danemark montre une sollicitude vraiment paternelle pour l'avenir des sourds-
muets. Le Roi a rendu plusieurs ordonnances qui
tendent à les mettre en état de gagner leur vie
d'une manière honorable :

1.º Les directeurs des deux instituts veillent
pendant trois ans sur la conduite et le placement
des enfans qui quittent l'institut. Il est prescrit aux
magistrats, aux officiers civils et aux ecclésiastiques, non-seulement de veiller aussi, de leur

côté, sur la conduite de ces enfans, mais encore de donner tous les renseignemens que pourraient demander à cet égard les directeurs des instituts.

2.° Tout sourd-muet qui a appris un métier dans les instituts a le droit de travailler comme maître ayant un compagnon, sans être gêné par les réglemens qui sont en vigueur dans les villes du royaume, à l'égard des ouvriers qui n'ont pas fait d'apprentissage.

3.° Enfin on accorde plusieurs encouragemens et récompenses aux maîtres-ouvriers qui, pendant trois, six et neuf ans, ont des sourds-muets dans leurs ateliers.

A Lyon, il se forma, l'année passée, un établissement industriel, destiné à procurer du travail aux sourds-muets indigens : il reçut dès le commencement huit de ces infortunés ; mais diverses circonstances ont empêché le développement de cet établissement. Il ne reçoit plus que trois individus qui travaillent à la confection des peignes d'acier pour la fabrique des étoffes de soie.

A l'institut de Paris, d'importantes améliorations ont été introduites dans l'instruction industrielle.

Le conseil de perfectionnement a insisté, dans son Mémoire, sur l'utilité du dessin linéaire. « Tous » les métiers, et par conséquent tous les ouvriers, » ont plus ou moins besoin du dessin ; mais, quant à » l'ouvrier sourd-muet, non-seulement le dessin lui » apprend à voir comme aux autres, mais il lui apprend aussi à parler : il lui fournit un moyen facile,

» court et sûr, de communiquer avec ceux près de
» qui le place son industrie. »

Depuis l'année passée, l'administration a introduit cet enseignement dans l'institut. Tous les enfans désormais apprendront le dessin linéaire avant d'entrer dans les ateliers ; cette branche servira d'introduction à tous les métiers. M. Francœur, qui a donné à la France un ouvrage si précieux sur le dessin linéaire, a bien voulu diriger lui-même cet enseignement, avec autant de zèle que de désintéressement. L'administration saisit cette occasion pour rendre à ce savant un témoignage public de sa reconnaissance.

L'administration a créé deux comités d'éducation industrielle, l'un composé de messieurs, l'autre de dames. Ces deux comités ont pour but de proposer les perfectionnemens qu'ils jugeront convenables dans les ateliers, et de pourvoir au placement des sourds-muets des deux sexes, lorsqu'ils quitteront l'institution. Au commencement de chaque année scolaire, il sera fait un triage des enfans indigens, pour être répartis entre tous les membres qui exerceront sur eux une sorte de patronage.

Outre les ateliers de dessinateurs, de tourneurs, de menuisiers, de cordonniers, de tailleurs, déjà existans dans l'institution, l'administration vient d'y établir un atelier de relieurs, sur la proposition du comité de l'éducation industrielle.

Plusieurs élèves apprennent aussi le jardinage.

Le comité des dames a le projet de former à Paris un établissement industriel, pour y placer

les sourdes-muettes indigentes, lorsqu'elles sortiront
de la maison. La famille royale, toujours prête à
soulager le malheur, et S. Exc. M.ᵍʳ le Ministre de
l'intérieur ont bien voulu s'associer à cet acte philantropique, en fournissant des secours pour les
premiers frais de fondation.

L'institut de Paris adresse aux autres institutions les deux questions suivantes :

1.° Quelles sont les professions dans lesquelles
les sourds-muets réussissent le mieux?

2.° En rentrant dans la société, les élèves con-
servent-ils toujours l'état qu'ils ont appris dans l'institution, ou en embrassent-ils quelquefois un autre?

4.° HYGIÈNE; RECHERCHES ET EXPÉRIENCES SUR LA SURDITÉ.

La gymnastique peut être considérée comme une
branche de l'hygiène, parce qu'en développant les
facultés physiques, elle contribue en même temps à
conserver le corps dans un état de santé ; aussi a-
t-elle été introduite dans beaucoup d'institutions,
et notamment dans celles de Pise, Copenhague,
Groningue, Iverdon, Nancy et Paris.

MM. les directeurs de l'institution de Saint-Pétersbourg demandent quelques détails sur les exercices gymnastiques, tels qu'ils sont établis à l'institut
de Paris. Nous allons en donner une description
succinte, afin qu'elle puisse guider les instituteurs

qui désireraient introduire ces exercices dans leurs établissemens sur le même modèle.

La gymnastique est dirigée, à l'institut de Paris, par M. Comte qui s'est formé à la célèbre école de Pestalozzi.

La méthode de l'enseignement mutuel est appliquée à la pratique des exercices qui sont gradués et se succèdent de manière que les premiers sont sans cesse préparatoires pour les suivans ; ils ne peuvent présenter le moindre danger dans leur application.

On commence par soumettre les élèves à des *exercices préparatoires* qui n'exigent pas le secours des instrumens. Ces exercices préparatoires consistent dans *le jeu des articulations* de toutes les parties du corps; ils comprennent une soixantaine de mouvemens qui ont tous pour but de déployer la souplesse des articulations, de favoriser le développement musculaire et de prévenir la fatigue.

Ces exercices préparatoires sont suivis de ceux de la *marche*, de la *course* et du *saut*.

Ensuite on passe aux exercices qui exigent le secours des instrumens dont voici la description :

1.° Deux *barres parallèles*.

2.° Deux *barres horizontales*, l'une pour les petits, l'autre pour les grands.

3.° Une *barre oblique*.

4.° Un *portique*, composé d'un grand *mât* de trente-cinq pieds, de deux *mâts* plus petits, l'un appelé *mât de perroquet*, l'autre *mât tournant*; d'une

4

traverse qui unit ces deux mâts à la hauteur des trois quarts du grand mât; d'une *hune* fixée à la traverse; de deux *cordes*, l'une à nœuds, l'autre unie, toutes deux suspendues sous la traverse; de deux *perches* fixées à la hune; d'une grande *échelle* qui de terre monte jusqu'à la hune, et d'une petite *échelle* qui de la hune va jusqu'au bout du grand mât.

5.º Un *cheval de bois.*

Les différentes espèces de *barres* sont destinées à fortifier les muscles des bras, de la poitrine, et de l'abdomen, à apprendre aux élèves à se mouvoir dans tous les sens.

Le portique est relatif à l'art de grimper; et le cheval de bois, aux exercices de la voltige.

Les instituteurs qui desireraient des détails plus circonstanciés sur le plan suivi dans l'institut de Paris, les trouveront dans le *cours de gymnastique* par M. Clias. Cet ouvrage se trouve à Paris, chez Louis Colas, rue Dauphine, n.º 32.

Outre la gymnastique, les autres divertissemens et jeux méritent aussi d'être recommandés par l'hygiène; mais ils doivent, autant que possible, être dirigés vers un but utile.

MM. Guyot n'éprouvent aucune peine à procurer à leurs élèves des jeux qui les recréent et qui leur soient en même temps utiles; ils attribuent leur bonheur sous ce raport à un ordre exact, à une surveillance bien dirigée et à l'habileté de varier les jeux.

MM. Fleury et Gourzoff se bornent à fournir à

leurs élèves les moyens d'inventer des jeux ; ils ont remarqué qu'ils sont assez ingénieux dans l'art de les varier ; ils pensent même que le moyen de les en dégoûter plus vite, ce serait de leur prescrire ou proposer tel ou tel genre de divertissement.

A Gudensberg, les sourds-muets, n'étant qu'au nombre de quatre, prennent leurs jeux et leurs divertissemens avec les élèves de l'école élémentaire que dirige M. Wiegand. Ils reçoivent les instructions à ce sujet de la part des autres enfans, avec beaucoup d'attention, et lorsqu'ils sont parvenus à les bien saisir, ils deviennent quelquefois plus habiles dans les jeux que leurs camarades.

A l'institut de Paris, les élèves s'exercent. pendant les récréations, à tous les jeux généralement usités parmi les enfans ordinaires.

Mais, nulle part, la santé des sourds-muets ne paraît avoir été l'objet de soins aussi éclairés qu'à l'institution de Copenhague, grâce au vif intérêt que M. le chevalier d'Abrahamson porte à ces infortunés.

Ce philantrope fait observer que bien souvent on remarque chez les sourds-muets une imperfection dans le système glanduleux, et que peut-être toute leur maladie vient d'une infirmité de cette espèce. Aussi, suivant lui, rien ne leur convient mieux que les exercices gymnastiques et les bains de mer. Pour les garçons, il y a pendant toute l'année, à l'exception de l'hiver, trois exercices par semaine ; chaque exercice est de deux heures. Pendant l'été, on les fait baigner tous les jours dans la mer, aussi presque tous savent-ils nager. Les filles font habituellement de très-longues promenades et prennent, pendant l'été, des bains de mer, deux fois par semaine.

Les suites de ce système ont été si heureuses que le nombre des malades, qui était de six à sept sur quarante élèves, en 1822, et qui dans les années 1823, 1824, 1825 était réduit à un douzième du nombre des élèves, n'est plus actuellement que d'un trentième ou d'un quarantième.

L'institut de Paris n'étant pas situé dans une position aussi avantageuse que celui de Copenhague sous le rapport des bains de mer, on n'a du moins rien négligé pour y suppléer autant que possible; en faisant construire une salle de bains ordinaires, et de bains à vapeurs.

Depuis long-temps, les médecins ont cherché à connaître les causes de la surdité et les moyens de la guérir. Les travaux de M. le docteur Itard sur ce sujet, sont connus dans toute l'Europe. Mais c'est surtout depuis ces dernières années que l'attention des gens de l'art s'est dirigée sur cette infirmité; peut-être parviendra-t-on à quelqu'heureux résultat. En effet, parmi les sourds-muets, le plus grand nombre n'ont perdu l'ouïe qu'après leur naissance, à la suite de quelques maladies ou par d'autres causes accidentelles; si donc on parvenait à reconnaître ces causes, on pourrait y appliquer des remèdes ou du moins indiquer des moyens préservatifs.

M. le chevalier d'Abrahamson, dont on ne saurait

trop louer la sollicitude pour les sourds-muets, a entrepris un travail qui peut donner un jour des résultats satisfaisans.

Dans toute l'étendue du Danemarck, on dresse, chaque année, des listes des sourds-muets de tout âge. Ces listes continuées pendant une série d'années, doivent fournir, au moyen d'extraits sommaires, des éclaircissemens sur les causes probables de l'infirmité à laquelle il s'agit de remédier. On comparera la population, la situation des provinces et le nombre des sourds-muets; et l'on tâchera de résumer où de fixer en conséquence les opinions sur l'influence des localités, des alimens et de la manière de vivre.

D'un autre côté, M. le chevalier d'Abrahamson a ordonné, comme voie d'instruction générale, une mesure qui aura l'approbation des physiologistes.

Lorsqu'un enfant meurt dans l'établissement de Copenhague, on demande à la famille la permission nécessaire pour la dissection, et la tête est conservée. Des observations anatomiques exactes et réitérées donneront peut-être des connaissances et des indications sur les moyens curatifs susceptibles d'être puisés dans la médecine.

A l'institution de Groningue, le célèbre professeur Hendriksz et le docteur C. Guyot ont opéré la perforation de la membrane du tympan sur quatre-vingt-un individus. Sur ces quatre-vingt-un, il y en a eu dix-sept dont l'ouïe semblait avoir été plus ou moins améliorée par cette opération, et pendant neuf mois, l'audition de ces derniers a été exercée d'une manière expresse et particulière. Mais les effets n'ont pas répondu à l'attente : l'ouïe de quatorze a été réduite au degré d'audition qu'ils avaient avant l'opération; les trois autres ont conservé leur ouïe artificielle. Cette faculté est cependant si peu fine, qu'elle leur est inutile pour apprendre à parler, quoiqu'on se soit servi encore pendant long-temps d'injections et du galvanisme, pour empêcher qu'elle ne se perdît entièrement. Les dix-sept individus opérés d'abord avec quelque succès sont donc encore instruits à parler par la voie ordinaire de la vue et du tact.

Le fils du professeur Hendriksz travaille à une dissertation académique qui contiendra tous les résultats obtenus des opérations sur l'ouïe, en donnant leur histoire détaillée jusqu'à ce jour.

Dans le duché de Coethen, en Saxe, le docteur Hahnemann entreprit de rendre l'ouïe à un sourd-muet âgé de 29 ans, lorsqu'il fut confié à ses soins.

Ce sourd-muet avait perdu l'ouïe à la suite d'une petite vérole maligne, dans la première année de sa vie; il était presque toujours attaqué du rhume de cerveau, et saignait souvent par le nez; ses oreilles contenaient une petite quantité de cérumen, d'une couleur très-pâle.

Ces circonstances firent connaître à M. Hahnemann, que déjà, dans le berceau, la suppression de quelqu'éruption maligne devait lui avoir ravi l'ouïe, et c'est d'après ces données qu'il dirigea son traitement médical.

Il employa des médicamens intérieurs, et, dans le

cours d'une année, il rendit entièrement l'ouïe au sourd-muet qui, depuis ce temps, entend même les personnes qui parlent à voix basse.

Le rhume de cerveau et le saignement de nez cessèrent entièrement et le cérumen des oreilles devint jaune. La langue qui, avant sa guérison, était aussi petite que la plus petite langue d'enfant, est devenue du double plus grosse, depuis qu'il s'exerce à prononcer. Mais M. Hahnemann fait observer que cet individu, qui avait beaucoup de mémoire pour les objets, en a très-peu pour les paroles, ce qui retarde beaucoup ses progrès dans cette étude.

M. Wiegand instruit un sourd-muet de dix-huit ans, dont l'ouïe n'est pas entièrement paralysée. Il l'a souvent galvanisé, sans secours médicaux; cette opération a produit quelqu'amélioration. Ce jeune homme entend le son des cloches, le bruit des orgues; il imite le tambour, le son de la trompette. Il peut raconter des événemens entiers, mais quand il est animé, il crie trop fort, et quand il est dans son calme ordinaire, il émet des sons trop sourds; il ne comprend que son maître sans panto-mime.

A l'institution de Pise, plusieurs médecins commencent aussi à faire des expériences sur l'ouïe.

MM. Fleury et Gourzoff expriment un vœu que nous aimons à répéter ici :

« Il serait à desirer que les procédés d'après les-
» quels de savantes expériences ont été opérées

» avec tant de succès dans les Pays-Bas par le doc-
» teur A. André, sur des enfans plus ou moins at-
» teints de surdité, pussent être communiqués aux
» différens établissemens de sourds-muets, et que
» les conseils de médecine fussent priés de donner
» leur avis sur le régime le plus convenable aux en-
» fans non entièrement sourds. »

En France, de nombreuses expériences ont été faites et se font encore sur la surdité; nous ne reproduirons pas ici les nombreuses recherches de M. le docteur Itard; il a rendu compte dans ses écrits, des moyens thérapeutiques qu'il employait. M. le docteur Deleau s'occupe aussi de l'amélioration des facultés auditives. L'académie royale des sciences a nommé une commission pour examiner les résultats qu'il a obtenus sur l'ouïe de quatre sourds-muets, par le cathétérisme de la trompe d'Eustache. Sur le rapport de cette commission, l'académie des sciences a arrrété que des fonds seraient prélevés sur le legs de M. de Montyon, pour continuer les expériences sur ces quatre sourds-muets pendant trois ans, et leur apprendre à parler; et qu'à l'expiration de ce terme M. Deleau présenterait ses élèves à la société savante. Nous rendrons compte par la suite, du résultat de ces expériences.

L'administration de l'institut royal des sourds-muets de Paris appelle l'attention des médecins sur les causes déterminantes de la surdité et les moyens curatifs; sur la proportion existante entre les sourds-muets atteints d'une surdité congéniale, et ceux atteints d'une surdité accidentelle ; sur le rapport des individus entièrement sourds à ceux qui ont conservé quelque trace d'audition, et sur les moyens de développer l'ouïe chez ces derniers.

Elle recommande à toutes les institutions les mesures prises par M. le chevalier d'Abrahamson pour parvenir à des connaissances exactes sur la surdité ; elle les invite à tenir un registre où l'on signalerait à l'arrivée des élèves :

1.° Si les enfans étaient sourds en venant au monde, ou s'ils le sont devenus après leur naissance, et dans ce cas, à quel âge, et à la suite de quelles maladies, ou par quelles autres causes ;

2.° S'il y a plusieurs sourds-muets dans la même famille ;

3.° La profession des parens ; si les parens sont sourds-muets eux-mêmes ou s'ils ont quelqu'autre infirmité.

4.° Les localités, &c.

L'institut de Paris attache un grand prix à ce que ces documens lui soient communiqués, afin que de leur rapprochement puisse jaillir quelqu'indice sur les causes probables de la surdité ; il espère que les autres institutions le mettront à même de pouvoir publier sur ce sujet, des résultats intéressans, dans sa prochaine circulaire.

5.º STATISTIQUE; SITUATION ACTUELLE DES INSTITUTIONS DE SOURDS-MUETS.

Depuis la publication de l'ouvrage de M. de Gérando sur l'éducation des sourds-muets, l'existence de plusieurs institutions qui n'y sont pas signalées nous a été révélée, de nouvelles institutions se sont formées, d'autres enfin ont subi des changemens; nous constaterons l'existence antérieure des unes, la création des autres, et les changemens survenus dans les dernières. Pour procéder avec plus d'ordre, nous suivrons la marche tracée par M. de Gérando, en commençant par le midi de l'Europe.

Outre les quatre institutions indiquées dans l'ouvrage précité, il existe encore en Italie, une autre institution dans la ville de Pise. La direction en est confiée à une commission composée du gouverneur de la ville, de deux professeurs de l'université et de deux députés. L'instruction y est dirigée par M. Doll. Gaspero Pecchioli di Siena, qui suit la méthode de l'abbé Sicard, avec les modifications que l'expérience a fait adopter. On s'y occupe aussi, depuis quelque temps, de l'articulation et de la lecture sur les livres, mais on n'a pas encore obtenu de grands résultats.

L'institution de Gênes a perdu, au commencement de cette année, son directeur, le père Assarrotti, qui, malgré son âge avancé, n'avait cessé, jusqu'à sa mort, de prodiguer tous ses soins à l'instruction des sourds-muets. Nous ne connaissons pas encore son successeur. Nous saisissons cette occasion pour rendre à la mémoire de l'abbé Degola l'hommage qui lui est dû ; le nom de cet ami des sourds-muets ne doit pas être séparé de celui du père Assarrotti. C'est lui qui était l'ame de l'association qui fournissait au père Assarrotti les moyens matériels ; c'est lui encore qui en se cotisant avec quelques amis de l'humanité, empêcha que l'établissement de Gênes ne devînt la propriété d'un couvent.

L'école de Milan est dirigée par M. l'abbé Bagoutti ; elle contient trente élèves qui sont instruits par quatre instituteurs dont un sourd-muet.

En Suisse, le canton de Vaud contient cent cinquante-deux sourds-muets sur une population de cent cinquante-cinq mille ames. Le canton de Zurich en compte plus de deux cents ; celui de Berne, près de mille.

Dans le grand-duché de Bade, on compte plus de huit cent cinquante sourds-muets, au-dessous de l'âge de dix-huit ans.

Depuis plus de quarante ans il existe à Karlsruhe, une institution de sourds-muets, fondée par le prince Charles-Frédéric, père du grand-duc actuel.

Le prince régnant fonda, en 1826, une institution à Pforzheim ; elle contient trente élèves qui sont instruits par M. Ralh Neumaier, aidé d'un adjoint. On apprend aux élèves la langue parlée et la langue écrite, et l'on emploie le langage naturel des gestes.

Il s'est encore formé dans ces dernières années,

dans le duché de Bade, plusieurs institutions particulières, comme à Fribourg, à Bruchsal.

Le Wurtemberg contient de douze à treize cents sourds-muets. Le gouvernement ne néglige rien pour leur procurer l'instruction. Il est enjoint aux autorités du pays de transmettre chaque année, à la commission supérieure établie à Stutgard pour l'instruction des sourds-muets, des rapports sur les sourds-muets au-dessous de l'âge de quinze ans ; et d'y détailler les moyens employés pour leur éducation et les résultats dont ils ont été suivis.

L'école de Gmünd est placée sous la surveillance d'une commission composée du bailli, du curé catholique et du ministre protestant de la ville. Ce dernier est le directeur de l'établissement. Un instituteur en chef, ayant sous ses ordres deux instituteurs adjoints, est chargé de l'instruction des élèves au nombre de vingt-deux.

L'école d'Esslingen contient six élèves ; celle de Winnenden en contient autant.

En Bavière, une école publique doit être fondée dans chaque capitale des huit cercles, pour les sourds-muets, qui resteront en ville et ne viendront à l'école que pour suivre les leçons. L'institution de Freysing, qui compte environ soixante élèves, restera l'école centrale du royaume. Nous ignorons encore si ce projet a reçu son exécution.

L'institut de Prague, en Autriche, a été fondé par Joseph II ; il contient trente élèves.

Il existe encore à Lintz, sur le Danube, une institution aux frais de la ville, pour les sourds-muets qui sont placés chez des particuliers; cette école est fréquentée par quarante élèves environ.

Le duché de Nassau contient deux cent dix sourds-muets. L'institution de Camberg renferme quarante-huit élèves qui sont instruits par la méthode des abbés de l'Épée et Sicard : ils se réunissent à l'institut pour les leçons, mais ils ont leur nourriture et leur logement chez les habitans de Camberg. Le cours complet de l'enseignement est fixé à six ans, mais on le prolonge pour ceux auxquels ce temps ne suffit pas.

La Hesse électorale renferme plus de quatre cents sourds-muets. M. Wiegand, instituteur à Gudensberg, a fait tous ses efforts pour engager le Gouvernement à créer une institution; jusqu'ici, ils ont été sans succès. En attendant, cet estimable instituteur instruit gratuitement quatre sourds-muets; les secours de quelques personnes charitables pourvoient à leur entretien : un zèle aussi persévérant est au-dessus de tout éloge; espérons que la Hesse ne restera plus long-temps sans institution.

M. Wiegand croit qu'il est avantageux que les institutions de sourds-muets soient unies à des séminaires de maîtres d'école, non-seulement sous le rapport de l'économie, mais encore dans l'intérêt de l'éducation des sourds-muets. Les séminaristes apprennent à les connaître, et plus tard ils pourront concourir à leur instruction et donner des conseils et des consolations aux parens; mais il ne croit pas qu'il soit possible de lier l'instruction des sourds-muets à celle des entendans-parlans : toutefois, il pense que les sourds-muets peuvent être envoyés dès l'âge de quatre ans à l'école élémentaire avec les enfans ordinaires. Ils y apprennent à écrire, à dessiner en voyant faire les autres et sans que le maître s'en occupe; ils s'accoutument à l'ordre, ils apprennent à vivre avec leurs semblables, et plus tard, lorsqu'ils entreront dans une institution, leur éducation exigera moins de temps.

L'institut de Leipsick, en Saxe, est dirigé actuellement par M. Reich; il contient quarante élèves; celui de Berlin, en Prusse, en contient soixante.

Il existe encore une institution à Creveld, près du Rhin; elle est dirigée par M. Dietrich Heinicke, fils aîné du fondateur de l'institut de Leipsick.

L'institution de Hambourg que M. de Gérando annonçait comme prochaine a été créée en 1827. Elle contient vingt-cinq élèves des deux sexes qui sont instruits, par un maître et un adjoint, dans la langue, la grammaire, la lecture, le calcul, le dessin, l'écriture, les élémens de quelques arts, de l'histoire naturelle, de la géographie, de l'histoire et de la religion. Les élèves y sont admis de l'âge de six à dix ans.

L'institution de Groningue a fait une perte qui affligera tous les amis des sourds-muets. Henri-Daniel Guyot, professeur à l'université de Groningue, ministre émérite du Saint-Évangile, directeur de l'institut des sourds-muets de Groningue, est mort au commencement de 1828, à l'âge de 74 ans. Disciple chéri de l'abbé de l'Épée, il a entretenu avec lui une liaison étroite; dès 1785, il consacra sa vie à l'instruction des sourds-muets; en 1790, il fonda l'institution de Groningue qu'il dirigea près de 40 ans. Ses deux fils, Charles Guyot et Remb-Tobie Guyot, élevés pour ainsi dire avec les sourds-muets, disciples de leur père, ont secondé depuis plusieurs années ses travaux, et lui ont succédé comme directeurs et instituteurs en chef de l'établissement national des Pays-Bas.

L'institution de Groningue est principalement destinée à l'éducation des sourds-muets des provinces septentrionales du royaume, où l'on parle exclusivent la langue hollandaise. Elle suffit pleinement à cette destination, recevant tous les enfans sourds-muets de ces provinces, dès l'âge de huit ans.

MM. Guyot pensent que, dans une éducation particulière, il est avantageux de commencer l'instruction des sourds-muets dès l'âge le plus tendre; mais que, dans une institution publique, il est nécessaire d'attendre jusqu'à l'âge de huit à neuf ans pour que les élèves profitent convenablement des leçons données en commun. Leur éducation commencée plus tôt exigerait ou entraînerait après soi une extension considérable de l'établissement, et qui, peut-être, ne serait pas entièrement compensée par de plus grands progrès de la part des élèves, si toutefois on adoptait cette mesure pour tous les enfans.

Il existe deux institutions particulières de sourds-muets à Gand; la première, déjà signalée dans l'ouvrage de M. de Gérando, est dirigée par deux frères de la congrégation de la charité, MM. Bourgois et Van Cuyck, qui se sont formés à l'institut de Groningue; elle contient vingt-un élèves garçons.

La seconde, contenant quarante - sept sourdes-muettes, est dirigée par six sœurs de la charité, dont les premières, mesdemoiselles Verhulst et Viaene, ont été instruites par une dame envoyée à Paris auprès de M. l'abbé Salvan.

Le Danemarck compte douze cent soixante sourds-muets. Le Roi, voulant qu'une éducation convenable leur fût donnée, fonda deux instituts, que M. de Gérando a déjà signalés.

L'institut de Copenhague, où l'enseignement a lieu en langue danoise, contient cent vingt élèves. Il est placé sous la direction de MM. le chevalier d'Abrahamson, Rothe et Schiodte. L'enseignement y est confié à six maîtres et à deux maîtresses, aidés, dans leurs fonctions, par un sous-maître et une sous-maîtresse, sourds-muets l'un et l'autre.

L'institut de Sleswig, où l'enseignement a lieu en langue allemande, contient soixante-dix élèves. Il est placé sous une direction composée du chancelier de la cour royale, M. de Spies, et du surintendant ecclésiastique, M. Adler. Le chef actuel est M. le professeur Hensen, gendre et élève de M. le professeur Pfingsten. Il est aidé, dans ses fonctions, par quatre maîtres, et une maîtresse sourde-muette.

Aucun gouvernement n'a montré, pour les sourds-muets, une sollicitude aussi fructueuse que le Danemarck. Tous ces infortunés y reçoivent l'éducation. Sur le nombre de douze cent soixante qui existent dans le royaume, il y a toujours, entre l'âge de sept à quinze ans, cent quatre-vingts à deux cents enfans capables de recevoir l'instruction, pour lesquels suffisent les deux instituts. Aussi le Roi a-t-il publié une loi qui ordonne :

« Que *tout* enfant sourd-muet, né dans ses états, » reçoive l'éducation nécessaire pour devenir membre » utile de la société. »

Les parens sont libres, s'ils en possèdent les moyens, de se charger eux-mêmes de l'éducation de leurs enfans sourds-muets ; mais alors ils doivent remettre annuellement à la direction de l'institut le plus voisin, un rapport sur la situation et les progrès de l'enfant. Si les parens déclarent ne pouvoir donner à l'enfant une éducation convenable, ils sont tenus de le remettre à l'un des deux instituts.

M. le chevalier d'Abrahamson ne croit pas que l'ordonnance du Roi de Wurtemberg, qui enjoint aux ecclésiastiques de se former à l'art d'instruire les sourds-muets, soit susceptible d'exécution. Dans l'opinion de ce philantrope il faut absolument des établissemens spéciaux considérables; s'ils ne suffisent pas, on peut établir des institutions d'une moindre importance, dirigées par des ecclésiastiques éclairés qui seront assistés de quelques sourds-muets instruits : cette mesure n'aura jamais un grand succès, et M. d'Abrahamson en juge par l'expérience faite dans le Jutland ; mais elle serait préférable au projet de donner à la plupart des ecclésiastiques de tout un pays, des connaissances nécessaires pour instruire les sourds-muets.

L'institut de Saint-Pétersbourg est dirigé actuellement par MM. Fleury et Gourzoff. Le premier est spécialement chargé de l'enseignement des demoiselles, au nombre de vingt-cinq, et le second, de celui des garçons, au nombre de trente-six. Les élèves sont admis de l'âge de sept à douze ans; mais MM. les directeurs pensent que, dans une éducation particulière, il serait avantageux de commencer leur instruction à un âge plus tendre. La durée de leur séjour dans l'institut est au moins de six ans. La méthode y est la même que celle de Paris ; on y enseigne les langues russe et française.

Il existe aussi un institut de 46 élèves à Varsovie, en Pologne. Il fut fondé par les soins du vénérable abbé Falchovsky, qui publia deux petits ouvrages en langue polonaise, un pour faire connaître le grand besoin que le pays avait de telles institutions, un autre pour exhorter les hommes bienfaisans à joindre leurs efforts aux siens, et pour rendre compte des progrès de l'établissement déjà formé.

L'institut de Glascow, en Écosse, est dirigé par M. Kinniburgh, fils du directeur de l'institut d'Édimbourg : il contient quarante élèves. Nous avons appris de M. Kinniburgh fils, qui vient de visiter l'institut de Paris, qu'il existe encore, en Écosse, une institution à Aberdeen, dirigée par M. Jayler, et qu'il se forme en ce moment une autre institution à Yorck, en Angleterre.

Dans les États-Unis, on compte un sourd-muet sur deux mille individus, ce qui fait près de cinq

mille sourds-muets pour l'étendue de la confédération.

Le Gouvernement français étend aussi sa sollicitude paternelle sur la classe des sourds-muets.
Sur la demande du conseil d'administration de l'institution de Paris, Son Excellence Monseigneur le Ministre de l'intérieur a enjoint à tous les préfets de
faire opérer dans les départemens le relevé de tous
les sourds-muets du royaume. D'après les documens
qui sont déjà parvenus au ministère, on peut conclure qu'il existe plus de douze mille sourds-muets
en France, et que la proportion de ces infortunés,
par rapport à la population, varie considérablement
dans les divers départemens.

L'institution de Paris est dirigée actuellement par
M. l'abbé Borel. L'enseignement des garçons est
confié à six professeurs et trois répétiteurs; celui
des filles est confié à quatre maîtresses et deux ré-
pétitrices.

Les sourds-muets sont dignes de la protection du
Gouvernement; il doit chercher à répandre le bienfait de l'instruction sur tous ceux qui peuvent en
profiter, mais il est aussi du devoir des départemens de seconder le Gouvernement dans ses vues
bienveillantes. Nous avons vu avec plaisir que,
dans la dernière session des conseils généraux,
cette classe d'êtres infortunés a fixé l'attention de
cinq départemens, savoir ceux des Deux - Sèvres,
de l'Indre, des Hautes-Alpes, de l'Aveyron et des
Vosges.

Le conseil général du département du Doubs a voté une somme de 9,000 francs pour l'institution des sourds-muets de Besançon. C'est le département qui porte le plus d'intérêt à ces infortunés ; si les autres suivaient son exemple, tous les sourds-muets de France recevraient l'instruction. Que les préfets plaident leur cause devant les conseils généraux, et nous avons lieu de croire que la voix de l'humanité ne sera pas méconnue.

Un grand nombre de départemens ont déjà voté des bourses à l'institution de Paris. Ces départemens sont ceux de l'Aube, de l'Aisne, du Cher, de Loir-et-Cher, du Nord, de Seine-et-Marne, de Seine-et-Oise, du Gard, de la Somme, de la Marne.

Plusieurs préfets nous ont annoncé qu'ils avaient appelé l'attention des conseils généraux sur le sort des sourds-muets, et qu'ils espéraient que leurs propositions seraient accueillies ; nous ne pouvons qu'encourager ces dignes magistrats à persévérer dans leurs intentions charitables.

Les élèves y sont admis à l'âge de 9 à 15 ans.

Dans un château aux environs de Rhodez, département de l'Aveyron, M. Pissin-Sicard dirige, depuis plusieurs années, une institution particulière qui renferme un assez grand nombre d'élèves.

L'institution de Clermont, que M. de Gérando annonçait comme prochaine, a été fondée en 1827, par Mademoiselle Lorain qui a suivi les cours à l'institution de Paris ; elle est dirigée maintenant par une congrégation de femmes.

La Haute-Loire possède aussi une institution dans la ville du Puy.

Un sourd-muet, M. George, ancien élève de l'institution de Paris, vient d'ouvrir une école à Cherbourg.

L'institution qui devait d'abord être établie à Épinal, département des Vosges, a été définitivement fondée le 1.er février 1828, à Nancy, département de la Meurthe. Elle est dirigée par M. Piroux, qui était venu étudier la méthode à l'institution de Paris, et qui, en partant, a emmené avec lui un sourd-muet instruit, qui l'aide dans ses fonctions. La ville de Nancy a fourni un local; l'établissement contient déjà 31 élèves, dont 10 externes aux frais de la ville, 17 boursiers des départemens de la Meurthe, des Vosges et des Ardennes, et 4 pensionnaires. Le mode d'enseignement suivi dans cette institution, consiste à faire travailler l'élève, 1.° seul, 2.° avec un autre élève d'égale force, 3.° avec un plus fort, 4.° avec le maître, qui ne fait en quelque sorte que vérifier et rectifier. Les élèves traduisent d'abord les mots ou les phrases par gestes, puis ces gestes par l'écriture manuelle ou à la plume, enfin ils composent.

A Colmar, département du Haut-Rhin, un ecclésiastique donne aussi des leçons à quelques sourds-muets.

Enfin, il existe encore trois institutions de sourds-muets à Alby, à Langres et à Laval : mais nous

ne possédons aucuns renseignemens sur leur situation.

En ajoutant les nouveaux documens que nous
venons de présenter à ceux que renferme l'ouvrage
de M. de Gérando, le nombre des institutions de
sourds-muets, tant publiques que privées, s'élèvera
à 88. Nous en donnons ci-contre le tableau statistique, avec la date de la fondation, le nom des
directeurs, le nombre des professeurs, des élèves, &c.

Ce tableau est sans doute bien incomplet; mais
nous avons préféré présenter les documens sous
cette forme, parce que les erreurs ou les lacunes
frappent davantage, et que les instituteurs pourront
nous mettre à même de corriger les unes et de remplir les autres. Nous aurions surtout desiré pos-
séder des documens plus précis, sur le nombre des
sourds-muets de chaque pays par rapport à la population, afin de pouvoir présenter la proportion de
ceux qui reçoivent l'instruction à ceux qui ne la reçoivent pas. Nous invitons toutes les institutions à
compléter ou à rectifier le tableau statistique que
nous leur soumettons, et à nous faire connaître en
outre :

1.º Le nombre de classes de chaque institution ;

2.º Combien d'heures par jour on consacre à
l'enseignement de la langue, combien à celui de
l'articulation, et combien aux travaux industriels.

3.º Si le même professeur est chargé de l'enseignement de la langue écrite et de l'articulation, ou s'il y a deux professeurs dans la même classe.

4.º Combien, terme moyen, il sort d'élèves par an, de chaque institution.

5.º Si on croit que la réunion des sourds-muets et des aveugles dans une même institution, présentât des avantages; et, dans ce cas, quels avantages en résulteraient.

PAYS.	STATISTIQUE des Sourds-muets.	INSTITUTIONS.	DATE de la Fondation.	GENRE D'INSTITUTIONS.
Espagne.	"	Madrid.	Vers 1800, restaurée en 1814.	Royale.
Portugal.	"	Lisbonne.	1824.	*Idem.*
Italie.	"	Naples.	"	Privée.
		Gênes.	1801.	*Idem.*
		Pise.	"	Aux frais de l'État.
		Turin.	"	Privée.
		Milan.	1805.	Aux frais de l'État.
Suisse. Canton de Zürick.	200.	Zurich.	"	"
C.^{on} de Genève.	"	Genève.	1822.	Externat aux frais de la ville.
C.^{on} de Vaud.	152.	Iverdon.	1810.	Privée.
C.^{on} de Berne.	1000.	Berne.	1822.	Cantonale.
Grand-Duché de Bade.	850 au-dessous de 18 ans.	Karlsruke.	1780.	Ducale.
		Pforzheim.	1826.	*Idem.*
		Fribourg.	"	Privée.
		Bruchsal.	"	*Idem.*
Wurtemberg.	12 à 1300.	Gmünd.	1807.	Royale.
		Esselingen.	"	*Idem.*
		Vinnenden.	"	*Idem.*
Bavière.	"	Freysing.	1804.	Privée.
Autriche.	"	Vienne.	1779.	Impériale.
		Lintz.	"	"
Bohême.	"	Prague.	"	"
		Commoteau.	"	"
Duché de Nassau.	210.	Camberg.	1820.	Externat doté par le Gouvernement.
Hesse électorale.	400.	Gudensberg.	"	Privée.
Saxe.	"	Leipsick.	"	Royale.
		Coethen.	"	"
Hambourg.	"	Hambourg.	1827.	Aux frais de la ville.
Prusse.	"	Berlin.	1788.	Royale.
		Breslau.	1804.	En partie aux frais de l'État.
		Galberstadt.	1825.	Privée.
		Kœnigsberg.	1820.	"
		Münster.	"	"
		Erfurt.	1818.	Aux frais de la loge des francs-maçons.
		Schadeleben.	"	Privée.
		Créfeld.	"	"
Pays-Bas.	"	Groningue.	1790.	Nationale.
		Gand.	"	"
		Gand.	"	"
		Liége.	1820.	Souscriptions.
Danemarck.	1260.	Copenhague.	1804.	Royale.
		Sleswig.	1810.	*Idem.*

Sourds-muets en Europe et en Amérique.

DIRECTEURS.	INSTITUTEURS.	RÉPÉTITEURS.	INSTITUTRICES	RÉPÉTITRICES.	NOMBRE des Élèves.		ÂGE de l'admission	DURÉE de leur séjour.
					Garç.	Filles.		
MM.								
Le docteur Hernandez.								
Le chevalier de Borg.								
»								
»	»	»	»	»	20.	16.		
Pecchioli di Siena.								
Scagliotti.	»	»	»	»	10.			
L'abbé Bagoutti.	4.	»	»	»	30.			
Chomel, sourd-muet.	»	»	»	»	13.			
Nae...	1.	»	»	»	10.			
Burki.	»	»	»	»	18.			
»								
Neumaier.	1.	»	»	»	30.			
»								
»								
Alle.	2.	»	»	»	22.			
»	»	»	»	»	6.			
»	»	»	»	»	6.			
D'Ernsdorffer.	»	»	»	»	60.			
Venus.								
»	»	»	»	»	40.			
»	»	»	»	»	30.			
De Schuts, sourd-muet.	2.	»	»	»	48.		»	6 au moins.
Viegand.	»	»	»	»	4.			
Reich.	»	»	»	»	40.			
»	1.	1.	»	»	25.		De 6-10.	
Grafhoff.	»	»	»	»	60.			
Bürger.								
Brederlow.								
Neumann.								
Weidner.								
Hahn.	1.							
Hauer.								
Heinicke fils.								
Guyot.	10.	»	»	»	158.		8.	7 à 8.
Bourgois et Van-Cuyck.	»	»	»	»	21.			
M.es Verhulst et Viaene.	»	»	»	»		47.		
Pouplin.								
D'Abrahamson.	6.	1.	2.	1.	120.			
Hensen.	4.	»	1.	»	70.			

PAYS.	STATISTIQUE des Sourds-muets.	INSTITUTIONS.	DATE de la Fondation.	GENRE D'INSTITUTIONS.
Suède	"	Stockholm		Royale
Russie	"	Saint-Pétersbourg	1806.	Impériale.
Pologne	"	Varsovie	"	Souscriptions.
Iles Britanniques. Angleterre	"	Londres	1792.	
		Birmingham	"	
		Manchester	1824.	
		Liverpool	1825.	
		Yorck	1829.	Toutes ces institutions sont entretenues par des souscriptions.
Écosse	"	Édimbourg	1810.	
		Paisley	1817.	
		Glascow	1819.	
		Aberdeen	"	
Irlande	"	Dublin	1816.	Nationale.
Étays-Unis d'Amérique. Connecticut		Hartford	1816.	
New-Yorck		New-Yorck	"	
Pensylvanie		Philadelphie	1820.	Soutenues en partie par les États, en partie par des souscriptions.
Kentucky	5000.	"	1824.	
"		Canjoharie	"	
Virginie		"	1826.	
Michigan		"	"	
France. *Départemens.*				
Seine	"	Paris	1791.	Royale.
Gironde	"	Bordeaux	1791.	*Idem.*
Haute-Garonne	"	Toulouse	"	Départementale.
Aveyron	"	Rodez	"	*Idem.*
		Aux environs de Rodez	"	Privée.
Bouch.-du-Rhône	"	Marseille	1819.	Départementale.
Haute-Loire	"	Le Puy	"	*Idem.*
Puy-de-Dôme	"	Clermont	"	*Idem.*
Rhône	"	Lyon	1824.	*Idem.*
Loire	"	Saint-Étienne	1815.	Dotée par la ville.
Vienne	"	Chatellerault	"	"
Maine-et-Loire	"	Angers	1780.	Privée.
Morbihan	"	Auray	1807.	Pensionnat.
Eure-et-Loire	"	Nogent-le-Rotrou	1808.	Départementale.
Calvados	"	Caen	1816.	*Idem.*
		Condé-sur-Noireau	"	Privée.
Seine-Inférieure	"	Rouen	1780.	Privée et gratuite.
Pas-de-Calais	"	Arras	1817.	Départementale.
Doubs	"	Besançon	1819.	*Idem.*
		Besançon	1824.	*Idem.*
Meurthe	"	Nancy	1828.	*Idem.*
Haut-Rhin	"	Colmar	"	Privée.
Manche	"	Cherbourg	1829.	*Idem.*
Tarn	"	Alby	"	"
		Langres	"	"
Mayenne	"	Laval	"	"

DIRECTEURS.	INSTITUTEURS.	RÉPÉTITEURS.	INSTITUTRICES	RÉPÉTITRICES.	NOMBRE des Élèves. Garç.	Filles.	ÂGE de l'admission	DURÉE de leur séjour.
MM.								
Borg.	"	"	"	"	40.			
Fleury et Gourzoff.	"	"	"	"	36.	25.	7–12.	6.
L'abbé Falchowsky.	"	"	"	"	46.			
Watson.	"	"	"	"	130.			6.
Du Puget.	"	"	"	"	34.		8–13.	
Vaughan.	"	"	"	"	23.			5.
Anderson.	"	"	"	"	20.			
"								
Kinniburgh.	3.	"	"	"	67.		9–14.	5.
Mitchell.								
Kinniburgh fils.	1.	"	"	"	20.	20.	9–14	5.
"								
Humphreys.	2.	"	"	"	50.		8–12.	5.
Gallaudet.	7.	"	"	"	130.		10–14.	
Akerly.	3.	"	"	"	62.			
Weld.	"	"	"	"	90.			
Clinton Mitchil.	"	"	"	"	36.			
William Reid.								
"								
L'abbé Richard.								
L'abbé Borel.	6.	3.	4.	2.	120.	50.	9–15.	5.
L'abbé Guilhe.	2.	3.	"	"	60.			6 et plus.
L'abbé Chazotte.								
Valière.	"	"	"	"	36.			
Pissin-Sicard.								
Bernard.	"	"	"	"	15.	8.		
"								
Congrégation de femmes.								
Combery, sourd-muet.	2.	1.	1.	1.	45.	20.	5–25.	6 et plus.
Murat.	"	"	"	"	20.			
"								
Mademoiselle Blouin.	"	"	"	"	32.			
Sœurs de la Sagesse.	"	"	"	"	40.			
L'abbé Beulé.								
L'abbé Jamet.	1.	"	"	"	60.			
Dudésert.	"	"	"	"	12.			
L'abbé Huby.	"	"	"	"	11.			
Mademoiselle Duler.	"	"	"	"	31.			
Mademoiselle Roussot.	"	"	"	"	32.			
Bonnafous, sourd-muet.	"	"	"	"	22.			
Piroux.	"	1.	"	"	24.	7.		
"								
George, sourd-muet.								
"								
"								
"								

6.º BULLETIN BIBLIOGRAPHIQUE.

Depuis la publication de la première circulaire, l'institut de Paris a reçu de l'étranger, les ouvrages suivans :

1.º Grundzüge des Psychischen lebens gehoer und sprachloser menschem im naturzustande, oder darstellung des unglücklichen seelenzustandes der ungebildeten Taubstummen, &c., von Franz Hermann Ezech, religions lehrer der Taubstummen zu Wien.

L'auteur de cette brochure peint le sourd-muet sans instruction, sous les couleurs les plus défavorables; il ne le croit sensible qu'aux seules impressions physiques; il lui refuse la moralité de ses actions; il le représente comme seul au milieu de la société, étranger aux espérances de la religion, et par cette raison, supportant avec aigreur les peines de la vie.

2.º Kurzgefasstes religions - lesebuch für gebildete Taubstumme. Von Franz Hermann Ezech. Vien. 1820.

Cet ouvrage comprend une suite de lectures, dans lesquelles l'auteur traite succintement de l'existence de Dieu et de ses attributs; de l'homme, de de sa nature, de ses devoirs et de sa destination; de l'histoire sainte, de la vie de Jésus-Christ, des dogmes et des vérités de la religion.

3.º Die Taubstumme in Kurhessen. Mein erster gedanke und die beweg gründe sie zu unterrichten, mit einer gedraengten uebersicht des plans, nach welchem ich unterrichtet habe, &c., von C. Wiegand, prœceptor zu Gudensberg Cassel 1827.

Cette brochure avait été publiée pour provoquer des souscriptions, afin de pourvoir à l'entretien de trois sourds-muets dont M. Wiegand avait entrepris l'éducation gratuitement. L'auteur décrit l'insouciance des parens pour l'instruction de leurs enfans sourds-muets; il fait sentir le besoin d'un établissement pour ces infortunés, dans la Hesse électorale, et il desirerait que le gouvernement l'envoyât dans les institutions étrangères pour étudier la méthode. La marche que M. Wiegand suit pour instruire ses élèves, n'offre rien d'important sous le rapport de l'art; il a été réduit à ses propres lumières, n'ayant pu se procurer les ouvrages qui traitent de l'instruction des sourds-muets.

4.º Blicke auf die Taubstummen-bildung und nachricht ueber die Taubstummen Anstalt zu Leipzig, &c. von M. Carl, Gottlob Reich. Leipzig 1828.

M. Reich décrit les méthodes de l'abbé de l'Épée et de Heinicke; il les compare entre elles pour en faire ressortir les différences.

En traçant l'histoire de l'institut de Leipsick, il décrit la vie de Heinicke, et rappelle les instituteurs qui lui ont succédé.

Il fait connaître l'organisation actuelle de l'institut sous le rapport de l'enseignement, de la division des classes, de la distribution des heures de la journée, de la discipline, &c. Enfin il termine par quelques observations sur la valeur de la voix articulée pour la pensée et le langage chez le sourd-muet.

5.º Eleventh report of the national institution for the Deaf
and Dumb of Ireland, at Claremont, near Dublin. Dublin
1827.

Outre le compte annuel des travaux de l'institution, et la liste des souscripteurs, ce rapport contient la correspondance pendant l'année 1826.
Nous avons remarqué une critique sévère et cependant très-judicieuse de l'ouvrage de M. Arrowsmith
par M. l'abbé Boselli de Génes; et un article sur
l'utilité de la parole pour le sourd-muet, par M. Or-
pen, secrétaire de l'institution de Dublin.

6.º Eighth annual report of the directors of the New-Yorck
institution for the instruction of the Deaf and Dumb, &c.
New-Yorck 1827.

7.º Ninth annual report of the directors of the New-Yorck institution for the instruction of the Deaf and Dumb. New-
Yorck 1828.

Ces deux rapports contiennent, à la suite des
comptes annuels, une série de compositions des
élèves; nous avons surtout remarqué avec plaisir
une mesure propre à entretenir l'émulation sans que
celle-ci puisse jamais dégénérer en jalousie; c'est de
faire composer les élèves d'une institution avec
ceux d'une autre; le rapport présente des définitions
sur les mêmes mots, faites par les élèves des institutions de Harfart, de New-Yorck et de Philadelphie.

8.º Report of the secretary of state, in relation to the instruction of the Deaf and Dumb, in the city of New-Yorck. Albany 1928.

Ce rapport contient la relation d'une visite que

M. Flagg, secrétaire d'état de New-Yorck, sur-intendant des écoles, a faite dans les institutions de Hartfort, Philadelphie et New-Yorck, en vertu d'une loi de la législature de New-Yorck. M. Flagg a examiné les élèves des trois institutions; leurs ré-ponses sont consignées à la fin de la brochure.

M. Dillingham, qui a accompagné M. Flagg dans sa visite, lui a communiqué les observations qu'il a faites. Il trace un abrégé historique de l'art d'ins-truire les sourds-muets, de la fondation des institu-tions dans les États-Unis, de leurs progrès; il les compare entre elles, et donne les détails les plus in-téressans sur ces écoles.

9.º Esame publico che sostengono gli alunni dell' J. R. istituto dei sordi-muti in Milano, nell' anno 1829.

Ce programme de l'examen public que les sourds-muets de Milan ont soutenu cette année, renferme toutes les questions que le public pouvait adresser aux élèves sur la classification des objets, des adjectifs, sur la nature de l'homme, sur la gram-maire, sur l'ancien et le nouveau Testament et la religion. Dans un examen, il vaudrait mieux n'in-diquer que les matières sur lesquelles les élèves ré-pondront, et laisser au public le choix des questions; autrement, on peut soupçonner que les réponses ne sont qu'un objet de mémoire, surtout s'il n'est pas permis d'adresser d'autres questions que celles indi-quées au programme.

10.º Tenth annual report of the New-Yorck institution for the instruction of the deaf and dumb. Albany 1829.

Jusqu'en 1828 l'institution de New-Yorck avait été dans un local peu convenable ; la législature vient de lui affecter un local plus digne de son objet, et c'est à la description de ce bâtiment que le rapport est principalement consacré.

11.º The first report of the school for the deaf and dumb, in the town of Liverpool. Liverpool 1828.

Ce premier rapport contient les statuts de l'association pour les sourds-muets, le récit de la fondation de l'école, la liste des souscripteurs et quelques compositions des élèves.

12.º Eleventh report of the directors of the american asylum, at Hartford, for the education and instruction of the deaf and dumb. Hartford 1827.

Ce rapport contient un discours écrit par M. Clerc, dans lequel cet instituteur rend compte de la situation de l'institution de Hartford et des progrès des élèves. Ce discours est suivi d'un grand nombre de compositions faites par les élèves.

L'institution de Paris remercie les instituteurs qui lui ont envoyé les ouvrages dont nous venons de donner la liste, et les agens diplomatiques qui se sont chargés de leur transmission.

MM. Guyot et le chevalier d'Abrahamson ont consigné dans leurs mémoires plusieurs observations sur l'ouvrage de M. de Gérando ; l'auteur leur en témoigne toute sa reconnaissance.

La France a vu paraître aussi plusieurs écrits sur

les sourds-muets, depuis la publication de la première circulaire. Nous allons les indiquer :

1.º Examen critique de cette question : dans l'état actuel des sciences médicales, peut-on rendre l'ouïe et la parole aux sourds-muets de naissance? Par M. Berjaud, docteur en médecine. Paris, 1827.

L'auteur de cette thèse examine tous les moyens employés jusqu'à ce jour par la thérapeutique pour rendre l'ouïe au sourd-muet de naissance, comme la perforation du tympan, le cathétérisme de la trompe d'Eustache, les excitoires et les stimulans. De l'examen de ces différens moyens thérapeutiques M. Berjaud tire cette conclusion, que la médecine est presque toujours impuissante contre la surdité congéniale.

2.º Tableau de guérisons de surdités, opérées par le cathétérisme de la trompe d'Eustache, suivi d'une lettre adressée à l'académie de médecine, par le docteur Deleau jeune, médecin de l'hospice des orphelins, &c. Paris, 1827.

M. Deleau croit que la médecine peut guérir la surdité, et pour prouver son assertion, il présente un tableau qui contient la guérison de personnes plus ou moins atteintes de surdité; dans le nombre, il se trouve plusieurs sourds-muets dont l'ouïe a été améliorée.

3.º Médecine légale relative aux aliénés et aux sourds-muets, ou les lois appliquées aux désordres de l'intelligence, par J. C. Hoffbauer. Traduit de l'allemand par A. M. Champeyron, avec des notes par MM. Esquirol et Itard. A Paris, chez J. B. Baillière, rue de l'École de Médecine, n.º 13 bis. A Londres, même maison, 3 Bedford Street, Bedford Square. A Bruxelles, au dépôt de la librairie médicale française, 1827.

L'auteur assimile, sous le rapport légal, le sourd-muet sans instruction, à l'imbécille ou mieux encore au stupide; il ne le croit comptable de ses actions, que lorsqu'il peut exprimer ses idées dans la langue écrite ou parlée; il indique les moyens à l'aide desquels on reconnaît, chez les sourds-muets, les diverses particularités qui doivent être prises en considération sous le rapport légal.

M. Itard dans des notes très-judicieuses, appuie sur quelques points que l'auteur n'a fait qu'effleurer, et relève plusieurs erreurs. Il conteste surtout que la parole soit une meilleure preuve des connaissances du sourd-muet que l'écriture; il soutient au contraire que la possibilité de se servir du langage parlé n'est pas une preuve de la supériorité de son instruction sur le sourd-muet réduit au langage des signes, et que la preuve de la capacité morale du sourd-muet doit s'acquérir par la manière de répondre par écrit aux questions qu'on lui adresse.

Nous croyons que lors même que le sourd-muet ne pourrait pas s'exprimer par la parole, ni par écrit, il ne s'ensuivrait pas qu'il n'est pas capable; le langage des signes, avec lequel on peut développer son intelligence, sera le meilleur moyen pour vérifier les idées qu'il a. M. Hoffbauer ne distingue pas les lois fondées sur la loi naturelle, de celles fondées sur les rapports sociaux : pour être coupable selon ces dernières, il faut être instruit, mais le sourd-muet connaît les premières avant de recevoir une instruction spéciale.

L'auteur nous paraît encore tomber dans l'erreur,

lorsqu'il avance que, tant que le sourd-muet ne mettra pas de liaison dans ses phrases écrites, il n'en aura pas dans ses idées ; ses idées peuvent être très-claires et très-enchaînées dans son esprit, sans qu'il puisse les exprimer nettement dans une langue qui lui est étrangère.

4.º Premier, deuxième, troisième rapports lus au conseil d'administration de l'institution royale des sourds-muets de Paris, sur divers traitemens tentés contre la surdi mutité congéniale et accidente, par M. Itard, médecin des sourds-muets, articles insérés dans la *Revue médicale* et *Journal de Clinique*, avril, mai, juin, 1827.

Dans le premier rapport, M. Itard, après avoir exposé les tentatives qu'il a faites pour rendre l'ouie aux sourds-muets, le peu de succès qu'ont obtenus ses opérations, insiste sur l'éducation physiologique de l'ouïe, et conclut à ce qu'à l'entrée des enfans à l'institution, on constate le degré, et, s'il est possible, la nature de leur surdité, laquelle sera de suite traitée, s'il y a lieu, par des moyens qui ne pourront être ni douloureux ni dangereux, et qu'on forme une classe particulière de ceux des sourds-muets qui ne sont qu'incomplétement privés de l'ouïe, pour être soumis à une méthode d'éducation spéciale.

Dans le second rapport, M. Itard rend compte des expériences auxquelles il a soumis presque tous les sourds-muets de l'institution, et qui consistaient dans l'injection de l'oreille interne par son orifice guttural. Il expose les phénomènes qui ont accompagné l'opération, et les effets qui l'ont suivie. Ces injections n'ont produit qu'une légère amélioration momentanée de l'ouïe, chez quelques individus.

Dans le troisième rapport, M. Itard examine les résultats que M. Deleau a obtenus sur l'ouïe de quatre sourds-muets, et qu'il a soumis à l'Académie des sciences ; le judicieux médecin se fonde sur les faits et les observations exposés dans les premiers rapports, pour conclure que l'amélioration des fonctions auditives et orales, obtenue par M. Deleau, n'est pas le résultat d'un traitement chirurgical, mais de l'éducation physiologique de l'ouïe et de l'exercice des organes vocaux, succès qu'on obtient à l'institution sans recourir à la thérapeutique.

5.º De la parole considérée comme moyen de développement de la sensibilité organique. M. Itard, médecin de l'institut royal des sourds-muets de Paris. (Article inséré dans la Revue médicale française et étrangère). Juin 1828.

M. Itard établit que le développement de la sensibilité, chez l'homme, a pour agent principal la civilisation, qui elle-même n'est qu'une conséquence de l'exercice des fonctions cérébrales appliquées aux rapports intellectuels des hommes entre eux, et l'instrument de ce commerce est la parole. D'où il résulte que les hommes privés de la parole, et ceux qui sans en être privés, ne la font servir qu'à l'expression de leurs besoins physiques, et à l'échange d'un petit nombre d'idées morales, doivent être moins civilisés et doués d'une sensibilité moindre que ceux qui jouissent de la faculté de parler et d'entendre, et qui ont des rapports plus multipliés et plus relevés avec leurs semblables. C'est à cette cause que M. Itard attribue le peu de sensibilité des paysans et des sourds-muets; ces derniers supportent les opérations les plus douloureuses sans manifester une vive douleur. Cette différence en moins de la sensibilité animale, s'étend également à la sensibilité organique, et l'auteur cite en preuve le peu d'action qu'ont en général, sur les sourds-muets, les remèdes les plus actifs administrés à leur dose ordinaire, la faiblesse et quelquefois l'absence de ces mouvemens sympathiques qui, dans l'état normal, rendent en quelque sorte nos organes solidaires les uns des autres. Si cette partie des forces sympathiques, chez le sourd-muet, a des inconvéniens dans les maladies dont il est affecté, elle présente aussi des avantages, parce qu'elle empêche que les maladies se compliquent; c'est ainsi que la phthisie, qui est très-commune parmi les sourds-muets, n'a pas aussi ordinairement que chez le commun des hommes une issue fatale.

L'habile médecin termine en faisant observer que le sourd-muet est sujet à l'idiotisme, mais jamais à la manie, et il l'attribue à l'incomplet développement des facultés intellectuelles.

6.° Observations sur les cornets acoustiques, lues à l'Académie de médecine, à l'occasion de ceux qui lui ont été présentés par M. le docteur Negrier, par M. Itard, médecin de l'institution royale des sourds-muets.

L'auteur examine les appareils que la physique médicale fournit au sens auditif pour l'aider dans ses fonctions débilitées; en considérant les cornets acoustiques par rapport à la surdité imparfaite, il est conduit à une observation très-judicieuse et qu'il a vérifiée par de nombreuses expériences : c'est que les demi-sourds dont l'ouïe, non-seulement faible, mais encore incomplète, ne leur permet de percevoir distinctement qu'un certain nombre de sons de la voix, retirent très-peu d'avantage du secours des cornets acoustiques, parce que leur oreille demande à cet instrument ce qu'aucun instrument ne peut créer ni reproduire, la propriété de percevoir des sons qui ne la frappent point. Chez les personnes au contraire qui sont devenues sourdes et dont l'ouie, quoique tout affaiblie, a conservé sa justesse par rapport à la perception distincte de tous les sons vocaux, pourvu qu'ils fussent émis avec une intensité proportionnée à celle de la surdité, les cornets acoustiques leur sont d'un grand avantage, parce que leur retentissement donne aux sons l'intensité nécessaire pour être perçus.

7.º Des diverses méthodes employées dans l'instruction des sourds-muets et de celle qu'il paraît le plus convenable de suivre. Discours prononcé dans la séance publique, le 30 août 1828, par M. H. C. Guilhe, directeur de l'institution des sourds-muets de Bordeaux.

M. Guilhe, après avoir rendu hommage à la mémoire de l'abbé de l'Épée, examine les diverses idées qu'on s'est faites des sourds-muets, celle qu'on doit s'en former et la manière de les instruire. Il expose la méthode adoptée à l'école de Bordeaux, et les résultats qu'on a obtenus.

8.º Mémoire à M. le maire et à MM. les membres du conseil municipal de la ville de Nancy, pour les engager à fonder une institution de sourds-muets ; par M. Piroux, élève de l'école normale créée au sein de l'institut royal des sourds-muets de Paris. A Nancy, chez Vincenot et Vidart, rue des Dominicains, n.º 41.

L'auteur fait ressortir l'importance d'une institution de sourds-muets dans le département de la Meurthe. Après avoir peint l'isolement des sourds-muets abandonnés à eux-mêmes, il les représente rendus à la société par le bienfait de l'instruction.

La ville de Nancy a réalisé les vœux d'un ami des sourds-muets ; une institution a été créée, et M. Piroux la dirige avec autant de zèle que de talent.

9.º M. Frédéric Cuvier, membre de l'institut de France et du conseil de perfectionnement de l'institution des sourds-muets de Paris, a rendu un compte à l'Académie des sciences de l'ouvrage de M. de Gérando ; son *rapport* a été inséré dans la *Revue encyclopédique* (tome III, 105.º livraison, p. 796).

10.º M. Sylvestre de Sacy a aussi inséré deux articles sur l'ouvrage de M. de Gérando, dans le *Journal des savans (juin, juillet 1828)*. Ce profond philologue fait des observations théoriques très - judicieuses sur l'art d'instruire les sourds-muets.

11.º Recherches sur les connaissances intellectuelles des sourds-muets, considérées par rapport à l'administration des sacremens, par M. l'abbé Montaigne, ancien aumônier de l'institut royal des sourds-muets de Paris. Paris, chez Adrien Leclerc et compagnie, 1829.

L'auteur cherche à prouver que le sourd-muet, avant son instruction, est privé du sentiment moral; qu'il est incapable de distinguer le bien et le mal, le juste et l'injuste; il soutient que ces notions ne peuvent s'acquérir qu'après la connaissance de Dieu, et que la loi naturelle est nulle chez le sourd-muet tant qu'il n'a pas reçu le bienfait de nos langues artificielles. Enfin, il refuse au langage des signes le pouvoir d'introduire le sourd-muet dans la connaissance des vérités morales et religieuses, pour réserver ce privilége aux langues écrites et parlées.

M. l'abbé Montaigne veut étayer ses opinions de l'autorité de l'institution de Paris. L'institution de Paris croit devoir saisir cette occasion pour déclarer hautement que c'est à tort que l'auteur prétend s'appuyer sur son autorité; au contraire, elle repousse de toutes ses forces une doctrine aussi erronée que funeste aux sourds-muets; une doctrine qui, si on la poursuivait dans toutes ses conséquences, tendrait à ébranler les fondemens de la morale, en faisant dépendre les inspirations de la conscience de la connaissance d'une langue; une doctrine enfin dont l'expérience journalière démontre la fausseté.

Nos langues artificielles peuvent favoriser le développement du sentiment moral, mais elles ne le donnent pas; le sourd-muet étant doué des mêmes facultés intellectuelles que les autres enfans, comme ces derniers il est capable d'écouter la loi naturelle; et quant au privilége que l'auteur réserve aux

langues artificielles pour la transmission des vérités
morales et religieuses, l'institution de Paris possède
des preuves vivantes du contraire.

12.º Le sourd-muet entendant par les yeux, ou triple moyen
de communication avec ces infortunés, par les procédés
abréviatifs de l'écriture; suivi d'un projet d'imprimerie syl-
labique : par le père d'un sourd-muet. Paris, chez Roret, li-
braire, rue Haute - Feuille, au coin de celle du Battoir,
1829.

Cet ouvrage se divise en deux parties; dans la
première, l'auteur examine tous les instrumens employés pour l'instruction des sourds-muets; tels
que l'écriture, le langage mimique, le dessin,
la dactylologie, la sténographie écrite et manuelle,
l'alphabet labial.

Il critique l'emploi du langage des gestes, et
surtout des signes méthodiques, comme funeste
à l'acquisition de la langue écrite; il ramène tous
les instrumens à l'écriture, et il propose les moyens
de la rendre plus expéditive.

Dès le début, M. Recoing fait apprendre à son
élève quatre moyens de communication, savoir :
l'écriture ordinaire, la sténographie écrite, la sténographie manuelle et l'alphabet labial.

Il nous semble que cette multiplicité d'instrumens pour se mettre en rapport avec le sourd-
muet, lorsqu'il connaît à peine quelques mots, devient nuisible à ses progrès dans la connaissance
de la langue, parce que leur étude épuise sa mémoire aux dépens des idées.

Quant à la nouvelle sténographie que l'auteur

expose, elle nous paraît inférieure, par rapport à l'instruction du sourd-muet, à celle qu'il employait auparavant, nous craignons même qu'elle ne soit plus applicable dans une institution, parce qu'au lieu d'être fidèle à l'orthographe, qui, pour le sourd-muet, est la langue même, elle ne représente que les sons de la voix humaine. Ou l'élève pourra parler, et alors la sténographie sera inutile et même nuisible, puisqu'elle détournerait son attention de l'articulation ; ou il ne connaîtra pas la langue articulée, et alors il ne comprendra pas la sténographie, puisqu'elle se fonde sur la parole.

Dans la seconde partie, l'auteur considère les procédés qu'il a fait connaître, dans leur application à l'instruction des sourds-muets. Il a cherché à se rapprocher des principes de l'éducation ordinaire. Il conduit son élève sur la scène du monde ; c'est en présence de la réalité qu'il l'initie dans la connaissance de la langue, et il ne suit d'autre guide que l'usage. *Écrire sans cesse* et *faire rendre compte par écrit* à son élève de ce qu'il a vu, tels sont les deux seuls principes de M. Recoing. Ces deux moyens peuvent en effet suffire dans une éducation particulière, parce que les circonstances dans lesquelles on a soin de placer l'élève, interprètent sans cesse la langue ; mais dans une institution considérable, où l'instituteur est réduit à donner ses leçons dans l'enceinte d'une classe, il ne suffit pas d'*écrire* et de *faire écrire*, il faut encore suppléer à la réalité, et c'est là le rôle que nous voudrions assigner au langage mimique.

13.º Cours analytique de lecture par enseignement mutuel et simultané, inventé par M. Le Comte, fondateur de l'école Pestalozzienne de Sarlat, modifié et publié par Valade Gabel, professeur à l'institut royal des sourds-muets de Paris. A Paris, chez Louis Colas, rue Dauphine, n.º 32. 1829.

Ce cours de lecture présente les difficultés dans l'ordre le plus propre à les aplanir ; il rend l'enseignement simultané au moyen de tableaux mobiles. M. Valade a appliqué son cours de lecture à l'enseignement de l'articulation pour les sourds-muets et c'est sous ce point de vue qu'il pourra être utile aux instituteurs qui s'occupent de cette branche d'enseignement.

14.º Dans une lettre adressée à M. le comte de Noailles, et insérée dans le *Journal d'éducation et d'instruction pour les personnes des deux sexes*, n.º *16, tome IV, 1829*, M. Valade expose que, dans l'enseignement des sourds-muets, au lieu de s'attacher à étendre les nomenclatures, *étude* aride et peu fructueuse, il engage les élèves à porter des jugemens sur des objets qu'il leur montre, et qu'il exprime ces jugemens dans autant de propositions énonciatives. De cette manière il se trouve avoir substitué l'étude de la phrase à l'étude des mots. Les élèves témoignent beaucoup d'ardeur pour l'étude et y font plus de progrès ; au lieu de demander l'expression d'une idée unique, ils présentent toujours le tableau d'une pensée entière.

CONCLUSION.

En parcourant cette circulaire, on voit que de toutes parts l'on entre dans la voie des améliorations. L'intuition devient la base de l'enseignement; les principes de la méthode sont discutés dans des conférences ; leur application est rendue plus prompte et plus facile; le langage mimique, jusqu'ici trop exalté d'un côté, trop dénigré de l'autre, tend à remplir sa véritable fonction. L'enseignement de l'articulation artificielle devient une étude d'observations et commence à se fonder sur des règles fixes; les demi-sourds sont soumis à un régime particulier pour le développement de l'ouïe. Le dessin linéaire servira d'introduction à l'instruction industrielle, qui est appelée au perfectionnement par le concours de personnes animées du zèle le plus pur pour la destinée des sourds-muets. La sollicitude de quelques institutions s'étend même sur l'avenir des élèves. La gymnastique s'introduit dans l'éducation des sourds-muets : leur santé est l'objet de soins constans ; la médecine recherche les causes de la surdité et les moyens de la guérir. Les documens statistiques sur les sourds-muets et les institutions destinées à les recevoir font connaître les secours que ces infortunés réclament encore ; les amis des sourds-muets se multiplient ; les gouvernemens sentent le besoin et le devoir de leur procurer l'instruction ; de nombreuses institutions sont fondées ; enfin les instituteurs publient le résultat de leurs observations pour éclairer leurs confrères.

Tels sont les faits principaux que renferme cette circulaire ; nous devons y puiser un nouveau motif d'encouragement pour continuer une association destinée à propager un art encore trop peu connu. Les fruits de cette douce confédération seront plus heureux encore, lorsque tous les instituteurs s'associeront à nos travaux, lorsque tous apporteront le tribut de leurs lumières, de leur expérience. L'institution de Paris appelle de tous ses vœux la coopération franche et unanime des amis des sourds-muets, persuadée que, de cette association seule, pourra résulter le rapprochement des opinions, l'unité des méthodes.

L'instituteur qui se trouve placé dans une sphère étroite, qui est réduit à ses observations individuelles, est toujours exposé entre deux écueils : tantôt il veut se frayer une route nouvelle et devient systématique ; tantôt il se traîne servilement sur les pas d'un autre, et renonce à tout perfectionnement. Une correspondance établie entre tous les instituteurs fait disparaître ces inconvéniens ; elle agrandit le théâtre des observations ; chacun assiste, pour ainsi dire, aux leçons de toutes les institutions. Celles-ci ne forment plus qu'une vaste école où les faits, les expériences, les opinions sont sans cesse contrôlés, rectifiés ; par là on évite également et les systèmes exclusifs et l'empirisme. C'est donc pour les instituteurs qui sont isolés, qui ne trouvent pas chez eux une masse de faits, d'observations assez considérables pour marcher seuls dans la voie des perfectionnemens, c'est pour ceux-là surtout que cette correspondance deviendra précieuse.

Que tous les amis des sourds-muets se réunissent donc pour une œuvre aussi philantropique ; qu'ils renoncent à toute prévention exclusive en faveur de leurs méthodes, pour coopérer au bonheur des sourds-muets ; tous les systèmes doivent s'évanouir en présence de l'humanité ; arriver le plus promptement et le plus pleinement au but qu'on se propose dans l'éducation des sourds-muets, tel doit être l'objet constant des vœux et des efforts de tous les instituteurs.

Animés de cet esprit, ils communiqueront franchement leurs opinions, leurs observations, leurs doutes, et l'institution de Paris se fera un devoir de rapporter les uns avec toute l'impartialité possible, et d'éclaircir les autres autant que son expérience le lui permettra.

Cette union entre tous les instituteurs exercera une heureuse influence sur le sort des infortunés confiés à leurs soins : elle éveillera la charité publique, elle intéressera les gouvernemens à venir à leur secours, et la publicité que recevront les bienfaits de ces derniers en feront germer d'autres.

Nota. **P**lusieurs instituteurs ayant demandé les bustes des abbés *de l'Épée* et *Sicard*, un artiste s'est chargé d'exécuter les moules. Les institutions qui désireraient se procurer les bustes de ces deux hommes illustres, pourront en donner avis à l'agent général de l'institut de Paris.

TROISIÈME

CIRCULAIRE

DE L'INSTITUT ROYAL

DES

SOURDS-MUETS DE PARIS.